Udhëzuesi i fundit për të bërë kruasantë të shijshëm dhe të shijshëm në shtëpi

Një udhëzues gjithëpërfshirës për të bërë kruasantë të butë dhe me gjalpë në shtëpi me 100 receta dhe teknika të thjeshta për t'u ndjekur si për fillestarët ashtu edhe për ekspertët

Anisa Sula

Materiali për të drejtat e autorit ©2023

Të gjitha të drejtat e rezervuara
Asnjë pjesë e këtij libri nuk mund të përdoret ose transmetohet në çfarëdo forme apo mjeti pa pëlqimin e duhur me shkrim të botuesit dhe pronarit të së drejtës së autorit, përveç citimeve të shkurtra të përdorura në një përmbledhje. Ky libër nuk duhet të konsiderohet si zëvendësim i këshillave mjekësore, ligjore ose të tjera profesionale.

TABELA E PËRMBAJTJES

TABELA E PËRMBAJTJES 3
PREZANTIMI 7
RECETA THEMELORE 8
   1. Kroasantë bazë 9
   2. Kroasanët klasikë 13
   3. Kroasanët e bukës me pupla 15
   4. Kroasanët e hambarëve 19
KROASANTE COKOLLATA 22
   5. Kroasanët me çokollatë 23
   6. Kroasanët ekler me banane 26
   7. Puding buke me kruasant me çokollatë të zezë 28
   8. Croissant Éclairs me bajame me çokollatë 30
   9. Kroasantë me luleshtrydhe të mbuluara me çokollatë 33
   10. Kroasantë me çokollatë 35
   11. Kroasanët me bukë dhe gjalpë me toblerone 37
   12. Kroasanët Toblerone 39
   13. Croissants Nutella dhe Banane 41
   14. S'mores Croissants 43
SANDWICHË KROASANT 45
   15. Sanduiçe me briosh për mëngjes 46
   16. Croiwaffle Me Guacamole 48
   17. Kroasant klasik me proshutë, vezë dhe djathë 50
   18. Topuçi ngjitës me briosh portokalli, bajame 52
   19. Kroasane me sallate me fruta deti 54
   20. Croissant Pesto pule të pjekur në skarë a La Plancha 56
   21. Gourmet Hot Proshutë & Djathë 58
   22. Kroasant me biftek Frites me djathë blu 60
KROASANTE ME Arrore 62
   23. Kroasantë me fëstëkë 63
   24. Kroasantë me çokollatë lajthie 65
   25. Kroasantë me kanellë pekan 67

26. Kroasantë me arra 69
27. Kroasantë me arra të përziera 71
28. Kroasantë me lajthi me çokollatë 73
29. Kroasantë me gëzim bajamesh 75
30. Kroasantë me bajame 77
31. Kroasantë me bajame me mjedër 79

KROASANTE ME FRUTA 81
32. Kroasantë me boronica 82
33. Kroasantë me mjedër 84
34. Kroasantë Pjeshkë 86
35. Kroissants Mix Berry 88
36. Pjekje me kruasant me fërgim me mollë 90
37. Kroasantë me limon me boronica 92
38. Kroasantë me boronicë dhe portokall 94
39. Kroasantë ananasi 96
40. Kroasantë me kumbulla 98

KROASANTE ME MISHT 100
41. Kroasantë me sallam dhe vezë 101
42. Kroasanët me proshutë dhe djathë 103
43. Kroasantë me salsiçe pikante 105
44. Kroasantë me pulë me erëza Buffalo 107
45. Croissants pikante Chorizo 109
46. Kroasantë pikante me pepperoni 111
47. Shtresa briosh me gjalpë me proshuto 113

KROASANTE ME EROZE 115
48. Kroasanët me sheqer me kanellë 116
49. Kroasantë pikante Jalapeño 118
50. Kroasantë me kardamom 120
51. Croissants Gingerbread 122
52. Kroasantë me kerri 124
53. Kroasantë paprika 126
54. Kroasanët djegës 128
55. Kroasanët me kanellë me mollë 130

KROASANTE DJATHOR.. 132

56. Kroasantë me djathë boronicë dhe krem 133
57. Kroasanët me proshutë dhe çedër.. 135
58. Croissants Spinaq Dhe Feta 137
59. Kroasantë me djathë vilë.. 139
60. Kroasantë me djathë krem luleshtrydhe 141
61. Kroasantë me djathë me mjedër dhe krem 143
62. Kroasantë me pjeshkë dhe djathë krem 145
63. Kroasanët Brie dhe Apple 147
64. Kroasantë picash 149

KROASANTE LULE... 151

65. Kroasantë me mjaltë livando... 152
66. Kroasantë me petale trëndafili 154
67. Kroasantë me lule portokalli... 156
68. Kroasantë me kamomil... 158
69. Croissants Hibiscus 160
70. Kroasanët Jasemini 162

KROASANTE FARA 164

71. Kroasantë klasikë të farave të susamit 165
72. Kroasantë me farat e lulekuqes 167
73. Croissants Gjithçka Bagel 169
74. Kroasantë me fara liri... 171
75. Kroasantë me farat e lulediellit... 173
76. Kroasantë me fara kungulli 175
77. Kroasantë me farat e susamit të zi.. 177
78. Kroasanët e farave të kërpit 179
79. Kroasantë me shumë fara 181
80. Kroasantë me fara Chia 183
81. Kroasantë me fara quinoa 185
82. Kroasantë me fara karaway 187

MBUSHJE TE ËMBLETA 189

83. Kroasantë me byrek me kungull 190

84. Kroasantë me akullore 192
85. Kroasanët me mollë 194
86. Kroasantë me gota me gjalpë kikiriku 196
87. Kroasanët me mbushje me pekan 198
88. Kroasantë me gjalpë kikiriku dhe pelte 200
89. Kruasanët me manaferra dhe krem 202
90. Kroasantë me fruta dhe Nutella 204
91. Croissants Brie dhe Jam 206

MBUSHJE TË KURMSHME 208

92. Kroasanët Hotdogs 209
93. Kroasanët me proshutë 211
94. Croissants Parmixhano Pule 213
95. Qofte kruasane 215
96. Kroasantë me pepperoni 217
97. Kroasanët Pesto 219
98. Kroasantë me qepë dhe djathë dhie të karamelizuara 221
99. Kroasantë me mocarela dhe borzilok 223
100. Kroasanët me hudhër dhe djathë 225

PËRFUNDIM 227

PREZANTIMI

A jeni një adhurues i mirësisë me gjalpë dhe të shkrifët të brioshëve? A ëndërroni të zotëroni artin e bërjes së brioshit në kuzhinën tuaj? Mos kërkoni më tej se Përsosmëria e Croissant! Ky libër gatimi është udhëzuesi juaj përfundimtar për të krijuar briosh të përsosur, nga fillimi në fund.

Me udhëzime të hollësishme hap pas hapi, ky libër do t'ju mësojë teknikat për të krijuar briosh që janë të lehta, të ajrosura dhe plot shije. Nga brioshët klasikë me gjalpë te opsionet e shijshme si brioshët me proshutë dhe djathë, ky libër i ka të gjitha.

Por nuk ka të bëjë vetëm me brioshët - ky libër përfshin gjithashtu receta për të bërë vetë gjalpin e bërë vetë, si dhe pasta të tjera franceze si pain au chocolat dhe brioche. Plus, do të gjeni këshilla dhe truket për të arritur atë strukturë perfekte të lëmuar dhe pasta të shtresuara bukur.

Pavarësisht nëse jeni një furrtar me përvojë ose sapo po filloni, Croissant Perfection është burimi i fundit për të arritur suksesin e brioshit. Me këtë libër gatimi, ju do të mahnitni miqtë dhe familjen tuaj me krijimet tuaja të shijshme dhe mbresëlënëse. Pra, kapni kollën tuaj dhe përgatituni për të përsosur artin e bërjes së brioshit!

Fjalët kyçe: briosh, pasta franceze, gjalpë shtëpie, i kripur, pjekje, teknika, këshilla, i shijshëm, i ëmbël, me shtresa, gjalpë, mbresëlënës, receta, udhëzues, përfundimtar, sukses, përsosmëri, i detajuar, hap pas hapi, klasik, proshutë dhe djathë, dhimbje ose çokollatë, brioshe, burim, e shijshme, lojë pjekjeje, ngre!

RECETA THEMELORE

1. Kroasanët bazë

Bën: 10

PËRBËRËSIT
- ¾ filxhan plus 1 lugë gjelle qumësht të plotë
- 2 lugë çaji maja të menjëhershme
- 2⅔ gota miell për të gjitha përdorimet (ose miell T55), plus shtesë për formësimin
- 1 lugë gjelle plus 1½ lugë çaji (20 gram) sheqer të grimcuar
- 2 lugë çaji kripë kosher
- 1 filxhan gjalpë pa kripë, në temperaturë ambienti, i ndarë
- 1 vezë e madhe

UDHËZIME

a) Përgatitni brumin: Në një tas mesatar, përzieni qumështin dhe majanë, më pas shtoni miellin, sheqerin, kripën dhe gjalpin dhe përzieni derisa të formohet një brumë i trashë. Kthejeni brumin në një stol të pastër dhe gatuajeni për 8 deri në 10 minuta (ose transferojeni në një mikser dhe gatuajeni për 6 deri në 8 minuta me shpejtësi të ulët) derisa të jetë i qetë, elastik dhe i zhdërvjellët.

b) Nëse e gatuani me dorë, kthejeni brumin në tas. Mbulojeni me një peshqir dhe lëreni mënjanë për 1 orë ose derisa të dyfishohet në madhësi. (Kjo kohë do të ndryshojë, në varësi të temperaturës së kuzhinës tuaj.)

c) Kthejeni brumin në një stol të pastër dhe shtypeni lehtë në një katror 8 inç. Mbështilleni me mbështjellës plastik dhe vendoseni në frigorifer për 1 orë. Ky njihet si blloku i brumit.

d) Blloku i brumit dhe blloku i gjalpit duhet të kenë një temperaturë dhe konsistencë të ngjashme, kështu që ftohja është thelbësore.

e) Pas 30 minutash të ftohjes së brumit, vendosni ¾ filxhanin e mbetur (170 gramë) gjalpë në një copë letër pergamene. Mbushni me një fletë shtesë letre pergamene dhe përdorni një rrotull dhe kruajtëse plastike stoli për t'i dhënë formë gjalpit në një drejtkëndësh 6 me 8 inç. Rrëshqitni paketën e letrës pergamene në një fletë pjekjeje dhe vendoseni në frigorifer për 15 deri në 20 minuta, derisa të jetë e fortë, por e përkulshme. Ju duhet të jeni në gjendje ta përkulni paketën pa u këputur në copa.

f) Lëreni bllokun e gjalpit mënjanë në stolin tuaj ndërsa i jepni formë brumit. Kjo do të sigurojë që të jetë temperatura e duhur (jo shumë e ftohtë) përpara inkorporimit. Spërkateni stolin dhe pjesën e sipërme të brumit me miell dhe rrotulloni bllokun e brumit në një drejtkëndësh 9 me 13 inç. Lani miellin e tepërt. Zhbllokoni gjalpin dhe kthejeni atë në qendër të brumit, në mënyrë që skajet e tij pothuajse të takohen me anët e bllokut të brumit. Palosni pjesën e sipërme dhe të poshtme të brumit mbi bllokun e gjalpit, duke u takuar në qendër. Mbërtheni mirë qendrën dhe mbyllni shtresat fundore. Temperatura është vendimtare, ndaj punoni shpejt.

g) Plurosni stolin tuaj me miell dhe rrotullojeni brumin në mënyrë që shtresa qendrore të drejtohet nga ju. Hapeni brumin, duke përdorur një lëvizje mbrapa dhe mbrapa, për të krijuar një drejtkëndësh 7 me 21 inç, duke punuar me kujdes në mënyrë që gjalpi të mos ikë nga brumi. Nëse gjalpi ju duket, ngjisni brumin rreth tij për ta mbuluar dhe pluhurosni me miell. Lajeni miellin e tepërt përpara se ta palosni.

h) Palosni të tretën e sipërme të brumit drejt qendrës, më pas palosni të tretën e poshtme të brumit mbi qendër për të krijuar një palosje shkronjash. Lani miellin e tepërt.

i) Mbështilleni brumin me mbështjellës plastik dhe ftoheni për 30 minuta.

j) Përsëriteni hapin 6, duke filluar me skajin e palosur të brumit në anën tuaj të majtë, duke e rrotulluar brumin në një drejtkëndësh 7 me 21 inç dhe duke krijuar një palosje shkronjash. Mbështilleni përsëri brumin dhe ftoheni për 45 minuta.

k) Përsëriteni këtë hap edhe një herë, më pas mbështilleni brumin dhe ftoheni për të paktën 1 orë ose gjatë natës.

l) Formoni dhe piqni: Vini një fletë pjekjeje me letër furre.

m) Pluhuroni stolin tuaj me miell dhe rrotulloni brumin në një drejtkëndësh ¼ inç të trashë, rreth 9 nga 20 inç.

n) Përdorni një thikë prerëse për të shënuar seksione 4 inç përgjatë gjatësisë së anës së gjatë. Përdorni një thikë kuzhinieri për të prerë drejtkëndëshin në shenjat 4 inç, duke krijuar pesë seksione 4 me 9 inç. Përgjysmoni secilën nga këto seksione diagonalisht për të krijuar gjithsej 10 trekëndësha.

o) Zgjatni lehtë pjesën e poshtme të çdo trekëndëshi për ta zgjatur pak.

p) Duke filluar nga ana e gjatë, rrotulloni trekëndëshat për të krijuar një formë briosh.

q) Kur të keni arritur pothuajse në fund të rrotullës, tërhiqeni pak majën për ta zgjatur dhe mbështilleni rreth brioshit, duke e shtrënguar lehtë që të mbyllet. Vendosni çdo briosh në fletën e përgatitur të pjekjes me majat në fund që të mos hapen gjatë korrigjimit dhe pjekjes. Ndani ato disa centimetra larg njëri-tjetrit.

r) Mbulojeni tabakën me mbështjellës plastik dhe lëreni mënjanë në temperaturën e dhomës për 1½ deri në 2½ orë. (Kjo kohë do të ndryshojë, në varësi të temperaturës së kuzhinës suaj, por temperatura ideale është 75°F deri në 80°F.) Provoni derisa të arrijë një konsistencë marshmallow-y dhe një rritje në volum. Nëse e shponi brumin, ai duhet të kthehet paksa, duke lënë një dhëmbëzim.

s) Pas 1 ore izolim, ngrohni furrën në 400°F.

t) Në një tas të vogël, rrihni vezën me një spërkatje uji dhe përdorni një furçë pastiçerie për të lyer glazurën mbi brioshët. Lajini ato edhe një herë, për shkëlqim shtesë.

u) Piqni për 30 deri në 35 minuta derisa brioshët të marrin një kafe të thellë të artë. Shërbejeni të ngrohtë.

2. Kroasantë klasikë

PËRBËRËSIT

4 gota miell për të gjitha përdorimet
1/4 filxhan sheqer
1 1/2 lugë çaji kripë
2 1/4 lugë çaji maja e menjëhershme
1 1/4 filxhan qumësht të ftohtë
2 lugë gjalpë pa kripë, i zbutur
2 1/2 shkopinj gjalpë pa kripë, të ftohur dhe të prerë në feta të holla
1 vezë e rrahur me 1 lugë gjelle ujë

UDHËZIME

Në një tas të madh, përzieni miellin, sheqerin, kripën dhe majanë. Shtoni qumështin e ftohtë dhe 2 lugë gjalpë të zbutur dhe përzieni derisa të formohet një brumë i ashpër.

Kthejeni brumin në një sipërfaqe të lyer me miell dhe gatuajeni për rreth 10 minuta derisa të jetë e butë dhe elastike.

E vendosim brumin në një tas të lyer me pak vaj, e mbulojmë me mbështjellës plastik dhe e vendosim në frigorifer për 1 orë.

Në një sipërfaqe të lyer me miell, rrotulloni fetat e gjalpit të ftohur në një drejtkëndësh. Palosni brumin mbi gjalpë dhe lidhni skajet së bashku.

Rrotulloni brumin dhe gjalpin në një drejtkëndësh të gjatë. Paloseni në të tretat, si një shkronjë.

Hapeni përsëri brumin dhe përsërisni procesin e palosjes edhe dy herë. Ftoheni brumin për 30 minuta.

Hapeni brumin një herë të fundit në një drejtkëndësh të madh, më pas prejeni në trekëndësha.

Rrotulloni çdo trekëndësh lart, duke filluar nga fundi i gjerë dhe formoni një gjysmëhënës.

I vendosim brioshët në një tepsi të shtruar, i lyejmë me vezë dhe i lëmë të ngrihen për 1 orë.

Ngrohni furrën në 400°F (200°C) dhe piqini brioshët për 20-25 minuta derisa të marrin ngjyrë kafe të artë.

3. Kroasanët e bukës me pupla

Bën: 1 porcion

PËRBËRËSIT

- 2 lugë çaji maja e makinës së bukës
- 2¼ filxhan miell për të gjitha përdorimet
- 2 lugë çaji kripë
- 2 lugë qumësht të ngurtë pa yndyrë të çastit
- 1 lugë gjelle Sheqer
- ⅞ filxhan Ujë
- 4 ons gjalpë pa kripë
- 1 vezë e madhe; i rrahur me
- 1 lugë gjelle Ujë; për lustrim
- 3 shufra (1,45 ons) çokollatë gjysmë e ëmbël

UDHËZIME

a) Shtoni majanë, miellin, kripën, lëndët e ngurta të qumështit, sheqerin dhe ujin në tavën e makinës së bukës dhe vendoseni në makinë. Përpunojini PËRBËRËSIT në vendosjen e brumit derisa të përfshihen mirë, pa përbërës të thatë të ngjitur në anët e tavës, rreth 10 minuta në shumicën e makinerive.

b) Pasi të jetë përzier brumi, fikeni makinën dhe lëreni brumin në makinë derisa të dyfishohet, rreth 1 orë e gjysmë.

c) Ndërkohë vendosim shkopin e gjalpit midis 2 shtresave të mbështjelljes plastike ose letrës së dylluar. Me gishta, rrafshoni dhe formoni gjalpin në një katror 6 inç që është rreth ⅓ inç i trashë. Ftoheni për të paktën 15 minuta. Gjalpi duhet të jetë në konsistencën e shkurtimit të perimeve kur e përdorni. Nëse është shumë e fortë, do ta grisë brumin; nëse është shumë i butë do të rrjedhë nga anët. Ngrohni ose ftohni në përputhje me rrethanat.

d) Kur brumi të jetë dyfishuar në vëllim, vendoseni në një sipërfaqe të lyer mirë me miell. Me duar të lyera me miell, shtypni brumin në një katror 13 inç. Zhbllokoni gjalpin e ftohur dhe vendoseni diagonalisht në qendër të katrorit të brumit. Sillni cepat e brumit mbi gjalpë që të takohen në qendër (do të duket si një zarf). Shtypni qendrën dhe skajet e brumit për t'u rrafshuar dhe vulosur me gjalpë.

e) Duke përdorur një gjilpërë të mbështjellë pak me miell, rrotulloni brumin në një drejtkëndësh 18 x 9 inç. Mos e shtypni shumë fort. Nëse e bëni këtë, gjalpi do të rrjedhë ose brumi do të çahet (nëse grihet, thjesht kapeni për ta ngjitur). Palosni një fund 9 inç të drejtkëndëshit të brumit mbi të tretën qendrore të brumit. Paloseni këtë mbi të tretën e mbetur.

f) Hapeni përsëri brumin në një drejtkëndësh 18 x 9 inç. Paloseni si më parë për të formuar 3 shtresat dhe vendoseni në një qese plastike ose mbështillni lirshëm me mbështjellës plastik. Lëreni brumin në frigorifer për 30 minuta dhe më pas përsërisni procesin e rrotullimit, palosjes dhe ftohjes edhe dy herë të tjera.

g) Lëreni brumin në frigorifer gjatë natës pas palosjes së fundit.

h) Për të prerë dhe dhënë formë brioshët, e prisni brumin në gjysmë. Njërën gjysmën e mbështjellni me plastikë dhe e ktheni në frigorifer ndërkohë që punoni me gjysmën tjetër. Hapeni brumin në një sipërfaqe të lyer pak me miell në një rreth 13 inç.

i) E presim në 6 copa. Tërhiqni butësisht bazën e secilës pykë në një gjerësi prej rreth 6 inç dhe gjatësinë e secilës pykë në rreth 7 inç. Duke filluar nga baza, rrokullisni pykën. Vendoseni brioshin, në pikën e sipërme poshtë, në një fletë pjekjeje të rëndë.

j) Lakoni dhe sillni pikat e bazës drejt qendrës për të formuar një gjysmëhënës. Rrokullisni dhe formësoni të gjithë brioshët, duke i vendosur 2 centimetra larg njëri-tjetrit në tepsi.

k) Lyejini brioshët lehtë me glazurën e vezëve. Më pas, lërini të ngrihen në një vend të ngrohtë derisa të jenë të lehta dhe të fryhen, rreth 1 orë e gjysmë. Ndërkohë, ngrohni furrën në 400F. I lyejmë brioshët me glazurën e vezëve edhe një herë para se t'i fusim në furrë. Piqini për 15 minuta, ose derisa të marrin ngjyrë kafe të artë. Hiqni brioshët nga letra e pjekjes që të ftohen në një raft. Shërbejeni të ngrohtë, me reçel ose mbushjen tuaj të preferuar me sanduiç.

l) Përgatisni brumin e brioshit sipas udhëzimeve.

m) Pasi ta keni prerë në gjysmë, rrotulloni secilën gjysmë në një drejtkëndësh 14 x 12 inç në një sipërfaqe të lyer pak me miell. Pritini secilën gjysmë në gjashtë drejtkëndësha 7 x 4 inç.

n) Ndani tre shufra 1,45 ons çokollatë gjysmë të ëmbël ose të zezë për të bërë 12 drejtkëndësha, secili rreth 3 x 1 ½ inç. Vendosni një copë çokollatë për së gjati përgjatë një skaji të shkurtër të secilës pjesë të brumit. Rrotulloni për të mbyllur plotësisht çokollatën dhe shtypni skajet që të mbyllen. Vendosni brioshët, me anën e qepjes poshtë, në një fletë të madhe pjekjeje.

o) Vazhdoni me lustër dhe piqni sipas udhëzimeve.

4. Kroasanët e hambarëve

Bën: 1 porcion
PËRBËRËSIT
- ¼ linte ujë të vakët
- 7 ons Qumësht i kondensuar, pjesërisht i skremuar pa ëmbëlsirë
- 1 ons maja e thatë
- 2 ons gjalpë pa kripë; i shkrirë
- 1 kile miell hambare
- Një majë kripë
- 3 ons margarinë luledielli ose soje
- Qumësht për glazurë

UDHËZIME

a) Bashkoni ujin me qumështin e avulluar dhe më pas grijeni në majanë e freskët ose përzieni majanë e tharë.

b) Shtoni gjalpin. Shosh miellin me kripën në një tas të madh, duke i kthyer kokrrat nga sita tek mielli në tas.

c) Fërkojeni margarinën në miell derisa masa të ngjajë me thërrimet e bukës.

d) Krijoni një pus në qendër të miellit, derdhni përzierjen e majave dhe përziejeni mirë.

e) Kthejeni brumin në një sipërfaqe të lyer pak me miell dhe gatuajeni për 3 minuta.

f) Kthejeni brumin në tas, mbulojeni me një peshqir të lagur dhe lëreni në një vend të ngrohtë për rreth 30 minuta derisa të dyfishohet në madhësi.

g) Nëse temperatura e dhomës është e ftohtë, rritja mund të përshpejtohet duke përdorur një furrë me mikrovalë: vendoseni brumin e mbuluar në mikrovalë në një enë rezistente ndaj mikrovalës me fuqi të plotë për 10 sekonda. Lëreni brumin të pushojë për 10 minuta dhe më pas përsërisni procedurën dy herë.

h) Kthejeni gjysmën e brumit të pjekur në një sipërfaqe të lyer pak me miell dhe rrotullojeni në një rreth me trashësi rreth 5 mm (¼ inç). Me një thikë të mprehtë, priteni brumin në tetë segmente trekëndore. Duke punuar nga buza e jashtme, rrotulloni çdo segment në mes. Përkulni secilën pjesë në një gjysmëhënës dhe vendoseni në një tepsi të lyer pak me vaj.

i) Mbulojeni me një peshqir çaji dhe lëreni të dyfishohet në madhësi.

j) Ndërkohë ngrohni furrën në Gas Mark 5/190C/375 F. Përsëriteni procesin e formësimit me gjysmën tjetër të brumit.

k) Përndryshe, lëreni brumin e mbetur të mbuluar në frigorifer deri në 4 ditë dhe përdorni kur keni nevojë për briosh të freskët.

l) Kur brioshët të jenë dyfishuar, i lyejmë me qumësht dhe i pjekim në furrë për 15-20 minuta derisa të fryhen dhe të marrin ngjyrë të artë.

KROASANTE COKOLLATA

5. Kroasantë me çokollatë

Përbëhet: 24 porcione

PËRBËRËSIT
- 1½ filxhan Gjalpë ose margarinë, i zbutur
- ¼ filxhan miell për të gjitha përdorimet
- ¾ filxhan qumësht
- 2 lugë sheqer
- 1 lugë çaji Kripë
- ½ filxhan ujë shumë të ngrohtë
- 2 pako Maja e thatë aktive
- 3 filxhanë miell, të patrazuar
- 12 ons patate të skuqura çokollatë
- 1 E verdhe veze
- 1 luge qumesht

UDHËZIME

a) Me lugë rrihni gjalpin, ¼ filxhani miell derisa të bëhet një masë homogjene. Përhapeni në letër të dylluar në një drejtkëndësh 12x6. Vendoseni në frigorifer. Ngrohni ¾ filxhan qumësht; përzieni 2 lugë sheqer, kripë për t'u tretur.

b) Ftohtë në të vakët. Spërkatni ujë me maja; përziejmë që të tretet. Me lugë rrihni përzierjen e qumështit dhe 3 filxhanë miell derisa të bëhet një masë homogjene.

c) Ndizni leckë pastiçerie të lyer pak me miell; gatuajeni derisa të jetë e qetë. Lëreni të ngrihet, i mbuluar, në një vend të ngrohtë, pa rryma, derisa të dyfishohet - rreth 1 orë. Lëreni në frigorifer për ½ orë.

d) Në një leckë pastiçerie të lyer lehtë me miell, rrotullojeni në një drejtkëndësh 14x14.

e) Vendosni përzierjen e gjalpit në gjysmën e brumit; hiqni letrën. Palosni gjysmën tjetër mbi gjalpë; ngjisni skajet për të vulosur. Me palosjen në të djathtë, rrotullojeni nga qendra në 20x8.

f) Nga ana e shkurtër, palosni brumin në të tretat, duke bërë 3 shtresa; skajet e vulës; ftohet 1 orë e mbështjellë me fletë metalike. Me palosjen në të majtë, rrotullojeni në 20x8; dele; ftohtë ½ orë. Përsëriteni.

g) Ftoheni gjatë natës. Ditën tjetër, rrotulloni; palos dy herë; ftoheni ½ orë ndërmjet. Më pas ftoheni 1 orë më gjatë.

h) Për të formuar: Pritini brumin në 4 pjesë. Në një leckë pastiçerie të lyer lehtë me miell, rrotullojeni secilën në një rreth 12 inç. Pritini çdo rreth në 6 pjesë.

i) Spërkatini copat me patate të skuqura çokollate -- kini kujdes që të lini një diferencë prej ½ inç përreth dhe të mos e teproni me patate të skuqura. Rrotulloni fillimin në fund të gjerë. Formoni në një gjysmëhënës. Vendoseni anën e pikës poshtë, 2" larg njëri-tjetrit në letër kafe në fletën e biskotave.

j) Mbulesë; lëreni të ngrihet në një vend të ngrohtë, pa dridhje deri në dyfishim, 1 orë.

k) Ngroheni furrën në 425. lyejeni me të verdhën e vezës së rrahur me 1 lugë qumësht. Piqni 5 minuta, pastaj zvogëloni furrën në 375; piqni 10 minuta më shumë ose derisa brioshët të fryhen dhe të skuqen.

l) Ftoheni në raft për 10 minuta.

6. Kroasanët ekler me banane

Bën: 4 porcione
PËRBËRËSIT
- 4 briosha të ngrira
- 2 katrorë çokollatë gjysmë e ëmbël
- 1 lugë gjelle Gjalpë
- ¼ filxhan Sheqer ëmbëlsirash të situr
- 1 lugë çaji ujë të nxehtë; deri në 2
- 1 filxhan puding me vanilje
- 2 banane mesatare; feta

UDHËZIME

a) Pritini brioshët e ngrirë në gjysmë për së gjati; largohen së bashku. Ngrohni brioshët e ngrirë në tepsi të palyer me yndyrë në 325°F të parangrohur. furre 9-11 minuta.

b) Shkrini së bashku çokollatën dhe gjalpin. Përzieni sheqerin dhe ujin për të bërë glazurën e përhapur.

c) Përhapeni ¼ filxhan puding në secilën gjysmë të fundit të brioshit. Sipër i hidhni banane të prera në feta.

d) Zëvendësoni majat e brioshit; spërkatni glazurën me çokollatë.

e) Shërbejeni.

7. Puding buke me kruasant me çokollatë të zezë

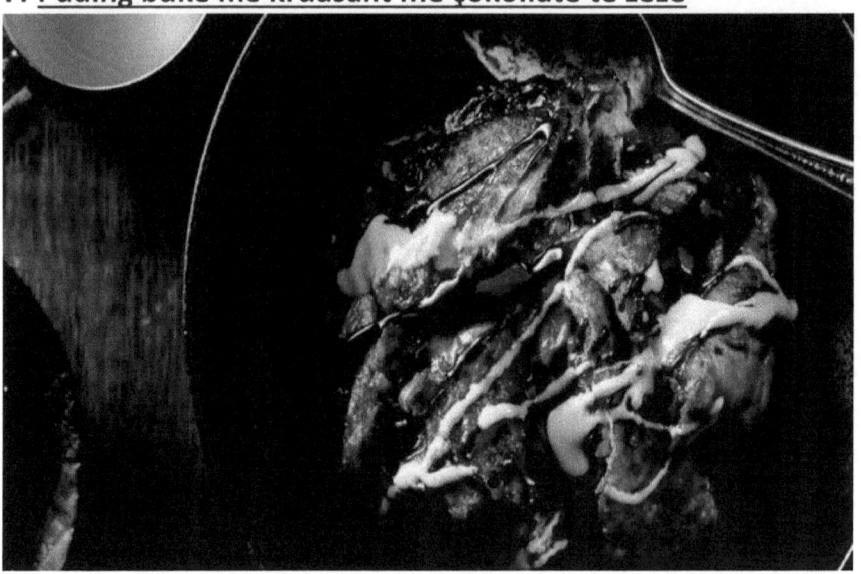

PËRBËRËSIT

6 briosha të mëdhenj, mundësisht një ditë
3 gota qumësht të plotë
1 filxhan krem të rëndë
1/2 filxhan sheqer të grimcuar
4 vezë të mëdha
2 lugë çaji ekstrakt vanilje
1/4 lugë çaji kripë
1/2 filxhan patate të skuqura çokollatë të zezë
1/4 filxhan qumësht pluhur i maltuar
Krem pana, për servirje (opsionale)

UDHËZIME

Ngrohni furrën në 350°F. Lyejeni me gjalpë një enë pjekjeje 9x13 inç.

Pritini brioshët në copa sa një kafshatë dhe vendosini në enën e përgatitur për pjekje.

Në një tas të madh, përzieni qumështin, ajkën, sheqerin, vezët, ekstraktin e vaniljes, kripën dhe qumështin pluhur të maltuar derisa të kombinohen mirë.

Masën e derdhni mbi brioshët, duke u kujdesur që lëngu të shpërndahet në mënyrë të barabartë.

Spërkatni copat e çokollatës së zezë mbi pudingun e bukës.

E mbulojmë me letër alumini enën e pjekjes dhe e pjekim për 35 minuta.

Hiqni folenë dhe vazhdoni pjekjen edhe për 15-20 minuta të tjera, ose derisa pudingu i bukës të jetë vendosur dhe sipër të marrë ngjyrë kafe të artë.

Lëreni pudingun e bukës të ftohet për disa minuta përpara se ta shërbeni. Spërkateni me krem pana sipas dëshirës.

8. Croissant Éclairs me bajame me çokollatë

PËRBËRËSIT

Për Pâte à Choux:

1/2 filxhan ujë
1/2 filxhan qumësht të plotë
1/2 filxhan gjalpë pa kripë, të prerë në kubikë
1/2 lugë çaji kripë
1 lugë çaji sheqer
1 filxhan miell për të gjitha përdorimet
4 vezë të mëdha, në temperaturë dhome

Për mbushjen e bajameve me çokollatë:

1 filxhan krem të rëndë
1 filxhan çokollatë gjysmë të ëmbël
1/2 filxhan gjalpë bajame

Për glazurën me çokollatë:

1/2 filxhan çokollatë gjysmë të ëmbël
2 lugë gjalpë pa kripë
1 lugë shurup misri

UDHËZIME

Ngrohni furrën në 375°F. Rreshtoni një fletë pjekjeje me letër pergamene.

Në një tenxhere të mesme, bashkoni ujin, qumështin, gjalpin, kripën dhe sheqerin. Ngroheni në zjarr mesatar derisa gjalpi të shkrijë dhe masa të ziejë.

Shtoni miellin përnjëherë dhe përzieni fuqishëm me një lugë druri derisa masa të formojë një top dhe të largohet nga anët e tavës.

Hiqeni tiganin nga zjarri dhe lëreni të ftohet për 5 minuta.

Shtoni vezët një nga një, duke i rrahur mirë pas çdo shtimi, derisa masa të jetë e lëmuar dhe me shkëlqim.

Vendosni një qese pastiçerie me një majë të madhe të rrumbullakët dhe mbusheni me brumin choux.

Vendoseni pastën në fletën e përgatitur të pjekjes, duke formuar ekler 6 inç të gjatë.

Piqni për 25-30 minuta, ose derisa të marrin ngjyrë kafe të artë dhe të fryhet.

Hiqeni nga furra dhe lëreni të ftohet plotësisht.

Në një tenxhere të mesme, ngrohni kremin e trashë derisa të ziejë.

Hiqeni nga zjarri dhe shtoni cokollaten dhe gjalpin e bajames.

Përziejini derisa çokollata të shkrihet dhe masa të jetë e lëmuar.

Prisni një të çarë të vogël në pjesën e poshtme të secilit ekler dhe futni mbushjen në qendër.

Në një tenxhere të vogël shkrini copëzat e çokollatës, gjalpin dhe shurupin e misrit në zjarr të ulët, duke i përzier vazhdimisht, derisa të jenë të lëmuara.

Lyejeni pjesën e sipërme të çdo ekleri në glazurën e çokollatës dhe vendoseni në një raft teli për t'u vendosur.

Sipas dëshirës: Spërkateni me bajame të prera në feta.

9. Kroasantë me luleshtrydhe të mbuluara me çokollatë

PËRBËRËSIT

6 briosha
1/2 filxhan reçel luleshtrydhe
1/2 filxhan çokollatë gjysmë të ëmbël
1 lugë gjelle gjalpë pa kripë
1/4 filxhan krem të rëndë
Luleshtrydhe të freskëta, të prera në feta (opsionale)

UDHËZIME

Ngrohni furrën në 375°F.
Pritini çdo briosh në gjysmë për së gjati.
Përhapeni 1-2 lugë gjelle reçel luleshtrydhesh në gjysmën e poshtme të çdo briosh.
Zëvendësoni gjysmën e sipërme të çdo briosh dhe vendosini në një fletë pjekjeje.
Piqni për 10-12 minuta, ose derisa brioshët të marrin një ngjyrë kafe të lehtë.
Në një tenxhere të vogël shkrini copëzat e çokollatës, gjalpin dhe kremin e trashë në zjarr të ulët, duke i trazuar vazhdimisht, derisa të jenë të lëmuara.
Hiqni brioshët nga furra dhe lërini të ftohen për disa minuta.
Lyejeni pjesën e sipërme të çdo briosh në përzierjen e çokollatës, duke e lënë të pikojë teprica.
I vendosim brioshët e mbuluar me çokollatë në një raft teli që të ftohen dhe të qëndrojnë.
Opsionale: sipër me feta luleshtrydhe të freskëta përpara se ta shërbeni.

10. **Kroasantë me çokollatë**

PËRBËRËSIT

Brumë bazë kruasant (shih recetën më lart)
6 ons çokollatë gjysmë e ëmbël, e copëtuar
1 vezë e rrahur me 1 lugë gjelle ujë

UDHËZIME

Hapeni brumin e brioshit në një drejtkëndësh të madh.
Pritini brumin në trekëndësha.
Vendosni një grusht të vogël çokollatë të copëtuar në skajin e gjerë të çdo trekëndëshi.
Rrotulloni çdo trekëndësh lart, duke filluar nga fundi i gjerë dhe formoni një gjysmëhënës.
I vendosim brioshët në një tepsi të shtruar, i lyejmë me vezë dhe i lëmë të ngrihen për 1 orë.
Ngrohni furrën në 400°F (200°C) dhe piqini brioshët për 20-25 minuta derisa të marrin ngjyrë kafe të artë.

11. Kroasanët me bukë dhe gjalpë me toblerone

Bën: 4 racione

PËRBËRËSIT
- 1 filxhan krem për derdhje
- 2 lugë sheqer pluhur
- 1 lugë çaji ekstrakt vanilje
- 100 g çokollatë qumështi Toblerone, e copëtuar në copa
- 6 Mini kroasane Coles Bakery
- 2 vezë
- 16 mjedra të ngrira
- Sheqer pluhur, në pluhur, sipas dëshirës

UDHËZIME

a) Ngrohni furrën në 180C/160C me ventilator të detyruar. Lyeni me yndyrë katër enët e papërshkueshme nga furra 250 ml.

b) Rrihni kremin, sheqerin, vaniljen dhe vezët në një enë të madhe.

c) Pritini çdo briosh në gjysmë horizontalisht dhe më pas në gjysmë tërthore.

d) Në pjatat e përgatitura vendosini brioshët.

e) Hidhni sipër përzierjen e vezëve dhe lëreni mënjanë për 10 minuta që të njomet.

f) Vendosni çokollatën dhe mjedrat sipër dhe midis fetave të brioshit.

g) Piqni për 25 minuta ose derisa të marrin ngjyrë të artë dhe të piqen. E pudrosim me sheqer pluhur sipas dëshirës.

12. Kroasanët Toblerone

Bën: 4

- 4 briosha
- 125 g djathë krem i lyer Philadelphia
- 100 gr çokollatë qumështi toblerone, e prerë përafërsisht

a) Pritini brioshët horizontalisht me një thikë të mprehtë. Përhapeni gjysmën e poshtme të brioshëve me Philly.

b) Spërkateni me Toblerone. Mbyllni kapakun. Mbështilleni brioshin në fletë metalike.

c) Piqeni në 150°C për 10 minuta ose derisa të nxehet.

13. Croissants Nutella dhe Banane

PËRBËRËSIT

1 fletë petë e shkrirë
1/4 filxhan Nutella
1 banane, e prerë në feta hollë
1 vezë e rrahur
Sheqer pluhur, për pluhurosje

UDHËZIME

Ngrohni furrën tuaj në 400°F (200°C).
Në një sipërfaqe të lyer pak me miell, hapeni fletën e petë në një katror 12 inç.
Pritini katrorin në 4 katrorë më të vegjël.
Përhapeni një lugë Nutella në çdo katror, duke lënë një kufi të vogël rreth skajeve.
Vendosni disa feta banane sipër Nutellës.
Rrotulloni çdo katror nga një cep në këndin e kundërt, duke formuar një formë briosh.
I vendosim brioshët në një tepsi të veshur me letër furre.
Lyejmë brioshët me vezën e rrahur.
Piqni për 15-20 minuta, derisa brioshët të marrin ngjyrë kafe të artë dhe të fryhen.
Spërkateni me sheqer pluhur përpara se ta shërbeni.

14. S'mores Croissants

PËRBËRËSIT

1 fletë petë e shkrirë
1/4 filxhan Nutella
1/4 filxhan mini marshmallow
1/4 filxhan thërrime krisur graham
1 vezë e rrahur
Sheqer pluhur, për pluhurosje

UDHËZIME

Ndiqni udhëzimet për kroasantët Nutella dhe banane (receta 1), por zëvendësoni bananen e prerë në feta me mini marshmallow dhe thërrime graham. Spërkateni me sheqer pluhur përpara se ta shërbeni.

SANDWICHË KROASANT

15. Sanduiçe me briosh për mëngjes

PËRBËRËSIT

- 1 luge vaj ulliri
- 4 vezë të mëdha, të rrahura lehtë
- Kripë Kosher dhe piper i zi i sapo bluar, për shije
- 8 mini briosh të përgjysmuar horizontalisht
- 4 ons proshutë të prera hollë
- 4 feta djathë çedër të përgjysmuar

Drejtimet

a) Ngrohni vajin e ullirit në një tigan të madh mbi nxehtësinë mesatare-të lartë. Shtoni vezët dhe gatuajini, duke i trazuar butësisht me një shpatull silikoni ose rezistent ndaj nxehtësisë, derisa të fillojnë të ngurtësohen; sezonin me kripë dhe piper. Vazhdoni gatimin derisa të trashet dhe të mos mbetet vezë e lëngshme e dukshme, 3 deri në 5 minuta.

b) Mbushni brioshët me vezë, proshutë dhe djathë për të bërë 8 sanduiçe. Mbështilleni fort me mbështjellës plastik dhe ngrini deri në 1 muaj.

c) Për t'u ngrohur, hiqni mbështjellësin nga një sanduiç i ngrirë dhe mbështilleni me një peshqir letre. Vendoseni në mikrovalë, duke e kthyer përgjysmë, për 1 deri në 2 minuta, derisa të nxehet plotësisht.

16. Croiwaffle me Guacamole

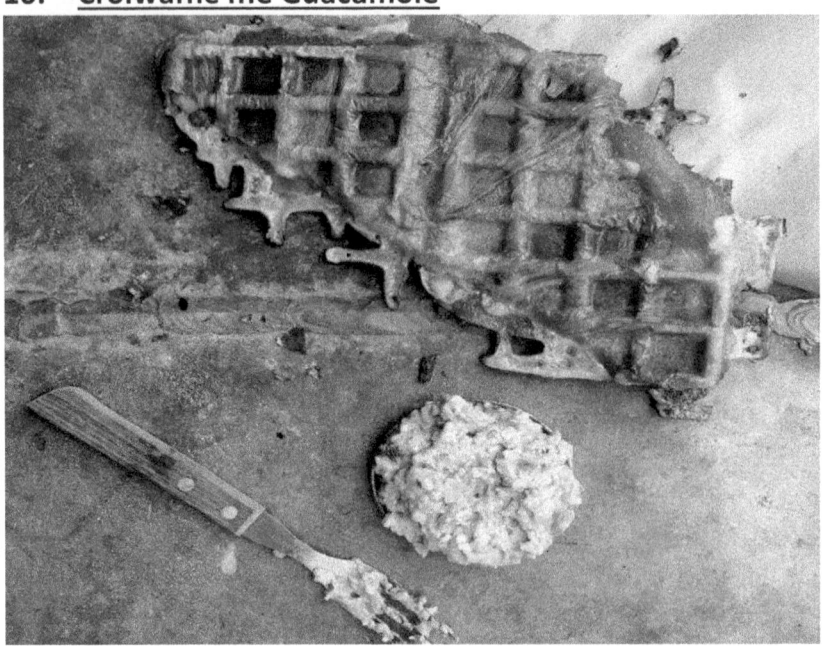

Bën: 1

PËRBËRËSIT
- 1 briosh
- Gjalpë
- ⅔ filxhan djathë çedër
- 3 feta sallame
- Guacamole

UDHËZIME

a) Pritini brioshin në gjysmë dhe aplikoni gjalpë në të dyja anët.

b) Grini një sasi të konsiderueshme djathi nga njëra anë dhe shtoni disa feta sallam.

c) Grini më shumë djathë sipër sallamit dhe vendosni gjysmën tjetër të brioshit sipër.

d) Vendoseni brioshin në hekurin e vaflës në vendosjen e tij më të ulët.

e) Ndërkohë, bëni guacamole.

f) Për një kore tepër djathi, hiqni waffle nga hekuri i vafles pak para se të përfundojë gatimi.

g) Spërkatni pak djathë në hekurin e vaflës, vendosni vaflën sipër dhe spërkatni pak djathë shtesë sipër saj.

h) Gatuani derisa shtresa e jashtme e djathit të marrë ngjyrë kafe të artë.

i) Shërbejeni me guacamole sa të doni.

briosh

17. Kroasant klasik me proshutë, vezë dhe djathë

PËRBËRËSIT

2 briosha të mëdhenj
4 feta proshutë
2 vezë të mëdha
2 feta djathë çedër
2 lugë gjalpë pa kripë
Kripë dhe piper, për shije

UDHËZIME

Ngrohni furrën në 350°F.

Gatuani proshutën në një tigan mbi nxehtësinë mesatare derisa të bëhet krokante. E heqim nga tava dhe e kullojmë në një pjatë të veshur me peshqir letre.

Thyejeni vezët në një tas të vogël dhe rrihni me pirun derisa të fërgohen.

Në një tigan që nuk ngjit, shkrini 1 lugë gjelle gjalpë mbi nxehtësinë mesatare-të ulët. Shtoni vezët dhe gatuajeni, duke i përzier herë pas here, derisa të fërgohen dhe gatuhen. I rregullojmë me kripë dhe piper, sipas shijes.

Pritini brioshët përgjysmë për së gjati dhe vendosini në një tepsi.

Shtoni një fetë djathë çedër në gjysmën e çdo briosh.

Mbi djathin hidhni 2 feta proshutë dhe një lugë vezë të fërguara.

Mbyllni brioshin me gjysmën tjetër dhe lyejeni majat me lugën e mbetur të gjalpit.

Piqini në furrën e nxehur më parë për 5-7 minuta, ose derisa djathi të shkrihet dhe brioshët të jenë ngrohur.

Shërbejeni të nxehtë dhe shijoni brioshin tuaj të shijshëm me proshutë, vezë dhe djathë!

18. Simite ngjitëse me briosh portokalli, bajame

PËRBËRËSIT

Për mbushjen e topuzit ngjitës:
1/2 filxhan gjalpë pa kripë, i zbutur
1/2 filxhan sheqer të grimcuar
1/2 filxhan sheqer kafe të hapur
1/4 filxhan mjaltë
1/2 lugë çaji kripë
1 lugë çaji ekstrakt vanilje
1/2 lugë çaji ekstrakt bajame
1/2 filxhan bajame të prera në feta
2 luge gjelle lekure portokalli
Për brumin kruasant:
1 kile brumë briosh
Miell për pluhurosje

UDHËZIME

Ngrohni furrën në 375°F.

Në një tas mesatar, rrahim gjalpin e zbutur, sheqerin e grirë, sheqerin kaf të hapur, mjaltin, kripën, ekstraktin e vaniljes dhe ekstraktin e bajames derisa të jenë të lëmuara.

Përzieni bajamet e prera në feta dhe lëkurën e portokallit.

Në një sipërfaqe të lyer pak me miell, hapni brumin e brioshit në një drejtkëndësh të madh, rreth 1/4 inç të trashë.

Përhapeni në mënyrë të barabartë mbushjen e tufës ngjitëse mbi brumin e brioshit.

Duke filluar nga ana e gjatë, mbështilleni brumin fort në një trung.

Duke përdorur një thikë të mprehtë, prisni trungun në 12 pjesë të barabarta.

Vendosini copat, me anën e prerë lart, në një enë pjekjeje katrore 9 inç të lyer me yndyrë.

Piqni për 25-30 minuta, ose derisa simitet të marrin ngjyrë kafe të artë dhe mbushja të jetë me flluska.

Hiqeni nga furra dhe lëreni të ftohet për 5-10 minuta.

Përmbysni simitet ngjitëse në një pjatë të madhe servirjeje.

Shërbejeni të ngrohtë dhe shijoni topuzët tuaj të shijshëm me briosh me bajame portokalli!

19. Kroasantë me sallata me ushqim deti

PËRBËRËSIT

1/2 kile karkaleca të gatuar, të qëruar dhe të deveinuar
1/2 kile mish gaforre e gatuar
1/2 filxhan majonezë
2 lugë salcë kosi
1 lugë gjelle mustardë Dijon
1 lugë gjelle lëng limoni
1 lugë gjelle kopër të freskët të copëtuar
1 lugë gjelle qiqra të freskëta të grira
Kripë dhe piper, për shije
4 briosha
Gjethet e marules
Domate e prerë në feta (opsionale)

UDHËZIME

Në një tas mesatar, kombinoni karkalecat e gatuara dhe mishin e gaforres.
Në një tas të veçantë, përzieni majonezën, salcë kosi, mustardën Dijon, lëngun e limonit, koprën, qiqrat, kripën dhe piperin derisa të jenë të lëmuara.
Hidheni salcën mbi ushqimet e detit dhe hidheni në shtresë.
Pritini brioshët përgjysmë për së gjati.
Shtroni gjethet e marules dhe domatet e prera (nëse përdorni) në gjysmën e poshtme të çdo briosh.
Hidhni me lugë sallatën me fruta deti mbi marule dhe domate.
Zëvendësoni gjysmën e sipërme të çdo briosh.
Shërbejeni dhe shijoni kruasantët tuaj të shijshëm me sallata me ushqim deti!

20. Croissant Pesto pule të pjekur në skarë një La Plancha

PËRBËRËSIT

2 briosha të mëdhenj
2 gjoks pule pa kocka dhe pa lëkurë
Kripë dhe piper, për shije
1/4 filxhan pesto
4 feta djathë mocarela
2 lugë gjalpë pa kripë

UDHËZIME

Ngrohni paraprakisht një tigan të skarës ose të skarës në nxehtësi mesatare-të lartë.
I rregullojmë gjokset e pulës me kripë dhe piper.
Grijini gjokset e pulës në skarë për 6-8 minuta nga çdo anë, ose derisa të gatuhen.
Pritini brioshët përgjysmë për së gjati.
Përhapeni 1-2 lugë pesto në secilën gjysmë të brioshëve.
Vendosni një fetë djathë mocarela në gjysmën e çdo briosh.
Mbi djathin hidhet një gjoks pule i pjekur në skarë.
Mbyllni brioshin me gjysmën tjetër.
Shkrini 1 lugë gjelle gjalpë në një tigan që nuk ngjit ose në një plancha mbi nxehtësinë mesatare.
Vendosini brioshët në tigan ose plancha dhe gatuajini për 2-3 minuta nga çdo anë, ose derisa djathi të shkrihet dhe brioshët të jenë krokantë dhe të marrin ngjyrë kafe të artë.
Hiqeni nga tigani ose plancha dhe lëreni të ftohet për një minutë.
Shërbejeni dhe shijoni kruasantin tuaj të shijshëm Pesto pule të pjekur në skarë a La Plancha!

21. Gourmet proshutë dhe djathë të nxehtë

PËRBËRËSIT

2 briosha të mëdhenj
4 feta proshutë
4 feta djathë zviceran
1 lugë gjelle mustardë Dijon
1 lugë mjaltë
1 lugë gjelle gjalpë pa kripë
Majdanoz i freskët, i grirë (sipas dëshirës)

UDHËZIME

Ngrohni furrën në 375°F.
Pritini brioshët përgjysmë për së gjati.
Përhapeni 1/2 lugë gjelle mustardë Dijon në gjysmën e poshtme të çdo briosh.
Sipër mbi mustardën hidhen 2 feta proshutë dhe 2 feta djathë zviceran.
Hidhni 1/2 lugë gjelle mjaltë mbi djathin.
Mbyllni brioshin me gjysmën e sipërme.
Shkrini 1/2 lugë gjelle gjalpë në një tigan që nuk ngjit mbi nxehtësinë mesatare.
I vendosim brioshët në tigan dhe i gatuajmë për 1-2 minuta nga çdo anë, ose derisa djathi të shkrihet dhe brioshët të marrin ngjyrë kafe të artë.
Transferoni brioshët në një fletë pjekjeje.
Piqini në furrën e nxehur më parë për 5-7 minuta, ose derisa brioshët të nxehen.
Hiqeni nga furra dhe lëreni të ftohet për një minutë.
Spërkatni majdanoz të grirë mbi brioshët, nëse përdorni.
Shërbejeni dhe shijoni brioshin tuaj të shijshëm Gourmet Hot Proshutë dhe Djathë!

22. Kroasant me biftek Frites me djathë blu

PËRBËRËSIT

2 briosha të mëdhenj
1 kile biftek krahu
Kripë dhe piper, për shije
2 luge vaj ulliri
1 lugë gjelle gjalpë pa kripë
1/2 filxhan djathë blu të thërrmuar
1 lugë majdanoz i freskët i grirë (sipas dëshirës)
Patate të skuqura (për servirje)

UDHËZIME

Ngrohni furrën në 375°F.
Spërkateni biftekin me kripë dhe piper.
Ngrohni 2 lugë gjelle vaj ulliri në një tigan të madh mbi nxehtësinë mesatare-të lartë.
Shtoni biftekin në tigan dhe gatuajeni për 3-4 minuta nga çdo anë, ose derisa të gatuhet në masën e dëshiruar.
Hiqeni biftekin nga tigani dhe lëreni të pushojë për disa minuta përpara se ta prisni hollë kundër kokrrës.
Pritini brioshët përgjysmë për së gjati.
Vendosni disa feta biftek në gjysmën e poshtme të çdo briosh.
Mbi biftekun me djathë blu të grimcuar.
Mbyllni brioshin me gjysmën e sipërme.
Shkrini 1/2 lugë gjelle gjalpë në një tigan që nuk ngjit mbi nxehtësinë mesatare.
I vendosim brioshët në tigan dhe i gatuajmë për 1-2 minuta nga çdo anë, ose derisa djathi të shkrihet dhe brioshët të marrin ngjyrë kafe të artë.
Transferoni brioshët në një fletë pjekjeje.
Piqini në furrën e nxehur më parë për 5-7 minuta, ose derisa brioshët të nxehen.
Hiqeni nga furra dhe lëreni të ftohet për një minutë.
Spërkatni majdanoz të grirë mbi brioshët, nëse përdorni.
Shërbejeni me patate të skuqura dhe shijoni kruasantin tuaj të shijshëm me biftekë Frites me Crumbles Blue Cheese!

KROASANTE ME Arrore

23. Kroasantë me fëstëkë

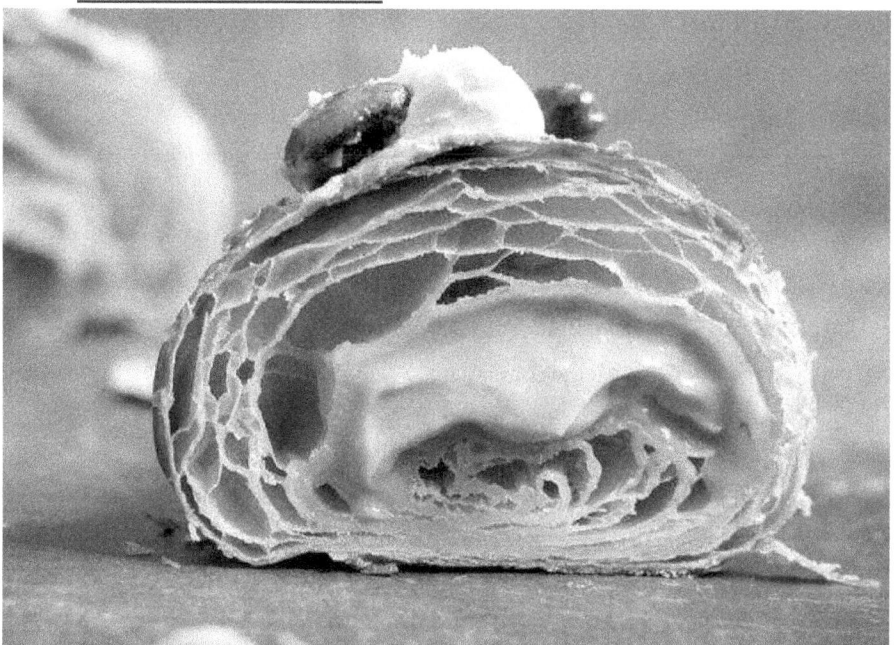

PËRBËRËSIT

Brumë bazë kruasant (shih recetën më lart)
1 filxhan fëstëkë, të copëtuar
1/4 filxhan sheqer të grimcuar
1/4 filxhan gjalpë pa kripë, i zbutur
1 vezë e rrahur me 1 lugë gjelle ujë

UDHËZIME

Hapeni brumin e brioshit në një drejtkëndësh të madh.
Pritini brumin në trekëndësha.
Në një tas, kombinoni fëstëkët e copëtuar, sheqerin dhe gjalpin e zbutur.
Përhapeni përzierjen e fëstëkut në gjysmën e poshtme të çdo briosh.
Zëvendësoni gjysmën e sipërme të brioshit dhe shtypni butësisht.
I vendosim brioshët në një tepsi të shtruar, i lyejmë me vezë dhe i lëmë të ngrihen për 1 orë.
Ngrohni furrën në 400°F (200°C) dhe piqini brioshët për 20-25 minuta derisa të marrin ngjyrë kafe të artë.

24. Kroasantë me çokollatë lajthie

PËRBËRËSIT

Brumë bazë kruasant (shih recetën më lart)
1/2 filxhan lajthi, të prera
1/2 filxhan patate të skuqura çokollatë
1/4 filxhan sheqer të grimcuar
1/4 filxhan gjalpë pa kripë, i zbutur
1 vezë e rrahur me 1 lugë gjelle ujë

UDHËZIME

Hapeni brumin e brioshit në një drejtkëndësh të madh.
Pritini brumin në trekëndësha.
Në një tas, kombinoni lajthitë e copëtuara, copëzat e çokollatës, sheqerin dhe gjalpin e zbutur.
Përhapeni përzierjen e çokollatës së lajthisë në gjysmën e poshtme të çdo briosh.
Zëvendësoni gjysmën e sipërme të brioshit dhe shtypni butësisht.
I vendosim brioshët në një tepsi të shtruar, i lyejmë me vezë dhe i lëmë të ngrihen për 1 orë.
Ngrohni furrën në 400°F (200°C) dhe piqini brioshët për 20-25 minuta derisa të marrin ngjyrë kafe të artë.

25. **Kroasantë me kanellë pekan**

PËRBËRËSIT

Brumë bazë kruasant (shih recetën më lart)
1 filxhan pekan, të copëtuara
1/4 filxhan sheqer të grimcuar
1/4 filxhan gjalpë pa kripë, i zbutur
1 lugë çaji kanellë
1 vezë e rrahur me 1 lugë gjelle ujë

UDHËZIME

Hapeni brumin e brioshit në një drejtkëndësh të madh.
Pritini brumin në trekëndësha.
Në një tas, kombinoni pecanët e copëtuar, sheqerin, gjalpin e zbutur dhe kanellën.
Përhapeni përzierjen e pekanit në gjysmën e poshtme të çdo briosh.
Zëvendësoni gjysmën e sipërme të brioshit dhe shtypni butësisht.
I vendosim brioshët në një tepsi të shtruar, i lyejmë me vezë dhe i lëmë të ngrihen për 1 orë.
Ngrohni furrën në 400°F (200°C) dhe piqini brioshët për 20-25 minuta derisa të marrin ngjyrë kafe të artë.

26. Kroasantë me arra

PËRBËRËSIT

Brumë bazë kruasant (shih recetën më lart)
1 filxhan arra, të grira
1/4 filxhan sheqer të grimcuar
1/4 filxhan gjalpë pa kripë, i zbutur
1 vezë e rrahur me 1 lugë gjelle ujë

UDHËZIME

Hapeni brumin e brioshit në një drejtkëndësh të madh.

Pritini brumin në trekëndësha.

Në një tas, bashkoni arrat e grira, sheqerin dhe gjalpin e zbutur.

Përhapeni përzierjen e arrave në gjysmën e poshtme të çdo briosh.

Zëvendësoni gjysmën e sipërme të brioshit dhe shtypni butësisht.

I vendosim brioshët në një tepsi të shtruar, i lyejmë me vezë dhe i lëmë të ngrihen për 1 orë.

Ngrohni furrën në 400°F (200°C) dhe piqini brioshët për 20-25 minuta derisa të marrin ngjyrë kafe të artë.

27. Kroasantë me arra të përziera

PËRBËRËSIT

Brumë bazë kruasant (shih recetën më lart)
1/2 filxhan bajame, të copëtuara
1/2 filxhan lajthi, të prera
1/2 filxhan pecans, të copëtuara
1/4 filxhan sheqer të grimcuar
1/4 filxhan gjalpë pa kripë, i zbutur
1 vezë e rrahur me 1 lugë gjelle ujë

UDHËZIME

Hapeni brumin e brioshit në një drejtkëndësh të madh.
Pritini brumin në trekëndësha.
Në një tas përziejini bajamet e grira, lajthitë, pecanët, sheqerin dhe gjalpin e zbutur.
Përhapeni përzierjen e përzier të arrave në gjysmën e poshtme të çdo briosh.
Zëvendësoni gjysmën e sipërme të brioshit dhe shtypni butësisht.
I vendosim brioshët në një tepsi të shtruar, i lyejmë me vezë dhe i lëmë të ngrihen për 1 orë.
Ngrohni furrën në 400°F (200°C) dhe piqini brioshët për 20-25 minuta derisa të marrin ngjyrë kafe të artë.

28. **Kroasantë me lajthi me çokollatë**

PËRBËRËSIT
Brumë bazë kruasant (shih recetën më lart)
1/2 filxhan Nutella ose çokollatë me lajthi
1/4 filxhan lajthi të copëtuara
1 vezë e rrahur me 1 lugë gjelle ujë

UDHËZIME
Hapeni brumin e brioshit në një drejtkëndësh të madh.
Pritini brumin në trekëndësha.
Përhapeni një shtresë të hollë Nutella në gjysmën e poshtme të çdo brioshi.
Sipër Nutellës spërkatni lajthi të grira.
Zëvendësoni gjysmën e sipërme të brioshit dhe shtypni butësisht.
I vendosim brioshët në një tepsi të shtruar, i lyejmë me vezë dhe i lëmë të ngrihen për 1 orë.
Ngrohni furrën në 400°F (200°C) dhe piqini brioshët për 20-25 minuta derisa të marrin ngjyrë kafe të artë.

29. Kroasantë me gëzim bajamesh

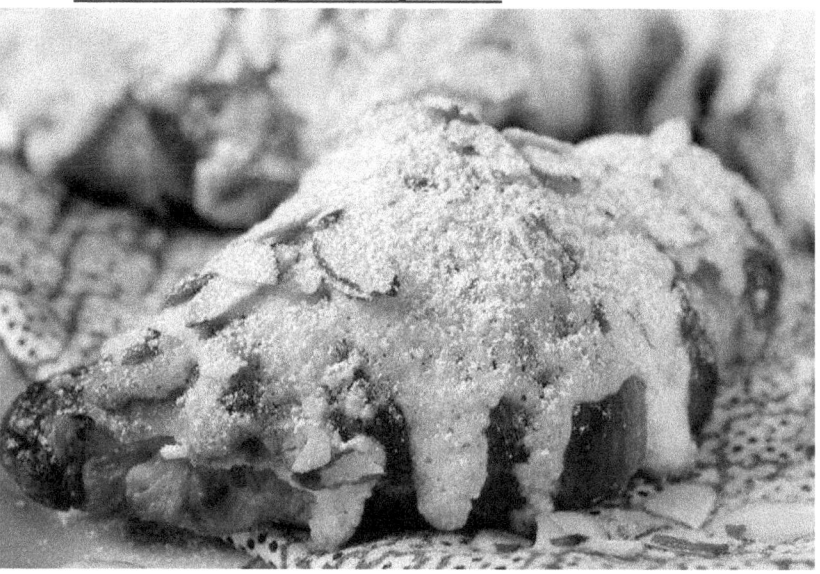

PËRBËRËSIT

Brumë bazë kruasant (shih recetën më lart)
1/2 filxhan kokos të ëmbëlsuar të grirë
1/2 filxhan bajame të grira
1/2 filxhan çokollatë gjysmë të ëmbël
1 vezë e rrahur me 1 lugë gjelle ujë

UDHËZIME

Hapeni brumin e brioshit në një drejtkëndësh të madh.
Pritini brumin në trekëndësha.
Në një tas përzieni, kombinoni kokosin e grirë, bajamet e copëtuara dhe copëzat e çokollatës.
Përhapeni përzierjen e kokosit në gjysmën e poshtme të çdo briosh.
Zëvendësoni gjysmën e sipërme të brioshit dhe shtypni butësisht.
I vendosim brioshët në një tepsi të shtruar, i lyejmë me vezë dhe i lëmë të ngrihen për 1 orë.
Ngrohni furrën në 400°F (200°C) dhe piqini brioshët për 20-25 minuta derisa të marrin ngjyrë kafe të artë.

30. Kroasantë me bajame

PËRBËRËSIT

6 briosh, njëditore
1 filxhan miell bajame
1/2 filxhan sheqer pluhur
1/4 filxhan gjalpë pa kripë, i zbutur
1 vezë
1 lugë çaji ekstrakt vanilje
1/2 lugë çaji ekstrakt bajame
1/4 lugë çaji kripë
1/4 filxhan bajame të prera në feta
Sheqer pluhur për pluhurosje

UDHËZIME

Ngrohni furrën në 350°F (175°C).
Pritini brioshët përgjysmë për së gjati dhe lërini mënjanë.
Në një tas përzieni, bashkoni miellin e bajames, sheqerin pluhur, gjalpin, vezën, ekstraktin e vaniljes, ekstraktin e bajames dhe kripën.
Përhapeni përzierjen e bajameve në gjysmën e poshtme të çdo briosh dhe spërkatni me bajame të prera në feta.
Zëvendësoni gjysmën e sipërme të brioshit dhe shtypni butësisht.
I vendosim brioshët në një tepsi dhe i pjekim për 15-20 minuta derisa mbushja të marrë ngjyrë kafe të artë dhe brioshi të jetë i freskët.
Spërkateni me sheqer pluhur përpara se ta shërbeni.

31. Kroasantë me bajame me mjedër

PËRBËRËSIT
Brumë bazë kruasant (shih recetën më lart)
1/2 filxhan reçel me mjedër
1/2 filxhan bajame të prera në feta
1 vezë e rrahur me 1 lugë gjelle ujë

UDHËZIME
Hapeni brumin e brioshit në një drejtkëndësh të madh.

Përhapeni reçelin e mjedrës në mënyrë të barabartë mbi sipërfaqen e brumit.

Mbi reçelin spërkatni bajamet e prera në feta.

Pritini brumin në trekëndësha.

Rrokullisni çdo trekëndësh në një formë briosh.

I vendosim brioshët në një tepsi të shtruar, i lyejmë me vezë dhe i lëmë të ngrihen për 1 orë.

Ngrohni furrën në 400°F (200°C) dhe piqini brioshët për 20-25 minuta derisa të marrin ngjyrë kafe të artë.

KROASANTE ME FRUTA

32. Kroasantë me boronica

PËRBËRËSIT

Brumë bazë kruasant (shih recetën më lart)
1 filxhan boronica të freskëta
1/4 filxhan sheqer të grimcuar
1 lugë niseshte misri
1 vezë e rrahur me 1 lugë gjelle ujë

UDHËZIME

Hapeni brumin e brioshit në një drejtkëndësh të madh.

Në një tas të vogël, përzieni së bashku boronicat, sheqerin dhe niseshtën e misrit.

Përhapeni masën e boronicës në mënyrë të barabartë mbi sipërfaqen e brumit.

Pritini brumin në trekëndësha.

Rrokullisni çdo trekëndësh në një formë briosh.

I vendosim brioshët në një tepsi të shtruar, i lyejmë me vezë dhe i lëmë të ngrihen për 1 orë.

Ngrohni furrën në 400°F (200°C) dhe piqini brioshët për 20-25 minuta derisa të marrin ngjyrë kafe të artë.

33. Kroasantë me mjedër

PËRBËRËSIT

Brumë bazë kruasant (shih recetën më lart)
1 filxhan mjedra të freskëta
1/4 filxhan sheqer të grimcuar
1 vezë e rrahur me 1 lugë gjelle ujë

UDHËZIME

Hapeni brumin e brioshit në një drejtkëndësh të madh.
Pritini brumin në trekëndësha.
Vendosni mjedra të freskëta mbi çdo briosh.
Hidhni sheqer të grirë mbi mjedrat.
Rrotulloni çdo trekëndësh lart, duke filluar nga fundi i gjerë dhe formoni një gjysmëhënës.
I vendosim brioshët në një tepsi të shtruar dhe i lëmë të piqen për 1 orë.
Ngrohni furrën në 400°F (200°C) dhe piqini brioshët për 20-25 minuta derisa të marrin ngjyrë kafe të artë.

34. Kroasantë Pjeshkë

PËRBËRËSIT

Brumë bazë kruasant (shih recetën më lart)
2 pjeshkë të pjekura, të qëruara dhe të prera në kubikë
1/4 filxhan sheqer të grimcuar
1/2 lugë çaji kanellë të bluar
1 vezë e rrahur me 1 lugë gjelle ujë

UDHËZIME

Hapeni brumin e brioshit në një drejtkëndësh të madh.
Në një tas të vogël, përzieni së bashku pjeshkët e prera në kubikë, sheqerin dhe kanellën.
Përhapeni masën e pjeshkës në mënyrë të barabartë mbi sipërfaqen e brumit.
Pritini brumin në trekëndësha.
Rrokullisni çdo trekëndësh në një formë briosh.
I vendosim brioshët në një tepsi të shtruar, i lyejmë me vezë dhe i lëmë të ngrihen për 1 orë.
Ngrohni furrën në 400°F (200°C) dhe piqini brioshët për 20-25 minuta derisa të marrin ngjyrë kafe të artë.

35. Kroasantë të përzier me Berry

PËRBËRËSIT

Brumë bazë kruasant (shih recetën më lart)
1/2 filxhan manaferra të përziera (të tilla si boronica, mjedra dhe manaferra)
1/4 filxhan sheqer të grimcuar
1 lugë niseshte misri
1 vezë e rrahur me 1 lugë gjelle ujë

UDHËZIME

Hapeni brumin e brioshit në një drejtkëndësh të madh.
Në një tas të vogël, përzieni së bashku manaferrat e përziera, sheqerin dhe niseshtën e misrit.
Përhapeni përzierjen e manave në mënyrë të barabartë mbi sipërfaqen e brumit.
Pritini brumin në trekëndësha.
Rrokullisni çdo trekëndësh në një formë briosh.
I vendosim brioshët në një tepsi të shtruar, i lyejmë me vezë dhe i lëmë të ngrihen për 1 orë.
Ngrohni furrën në 400°F (200°C) dhe piqini brioshët për 20-25 minuta derisa të marrin ngjyrë kafe të artë.

36. Pjekje me kruasant me mollë

Bën: 6 racione

PËRBËRËSIT

- 6 lugë gjelle. gjalpe pa kripe
- ½ filxhan sheqer kafe të hapur
- 3 mollë Granny Smith, të prera dhe të prera në kubikë
- 3 mollë Fuji, të prera dhe të prera në kubikë
- ½ filxhan plus 1 lugë gjelle. gjalpë molle
- 1 lugë çaji niseshte misri
- 6 brioshа të mëdhenj, të prerë në kubikë
- ½ filxhan krem i trashë
- 3 vezë të rrahura
- 1 lugë çaji ekstrakt vanilje
- ¼ lugë çaji erëz byreku me mollë
- ½ filxhan sheqer pluhur

UDHËZIME

a) Ngroheni furrën në 375°. Spërkatni një tavë pjekjeje 9 x 13 me llak gatimi që nuk ngjit. Në një tigan të madh mbi nxehtësinë mesatare, shtoni gjalpin. Kur gjalpi të shkrihet, shtoni sheqerin kaf. I trazojmë derisa të tretet sheqeri kaf.

b) Shtoni mollët në tigan. I trazojmë derisa të bashkohen. Gatuani për 6 minuta ose derisa mollët të zbuten. Shtoni 1 lugë gjelle gjalpë molle dhe niseshte misri në tigan. I trazojmë derisa të bashkohen. E heqim tiganin nga zjarri.

c) Shtroni kubat e brioshit në tavën e pjekjes. Hidhni mollët me lugë sipër. Në një tas, shtoni kremin e trashë, vezët, ekstraktin e vaniljes, erëzën e byrekut me mollë dhe ½ filxhan gjalpë molle. Rrihni derisa të bashkohen dhe derdhni sipër tavës.

d) Sigurohuni që kubat e brioshit të jenë të veshura me lëng.

e) Piqni për 25 minuta ose derisa tava të vendoset në qendër.

f) E heqim nga furra dhe sipër e spërkasim me sheqer pluhur. Shërbejeni të ngrohtë.

37. Kroasantë me limon me boronica

PËRBËRËSIT

Brumë bazë kruasant (shih recetën më lart)
1/2 filxhan boronica
2 lugë sheqer të grimcuar
1 lugë niseshte misri
1 luge gjelle lekure limoni
1 vezë e rrahur me 1 lugë gjelle ujë

UDHËZIME

Hapeni brumin e brioshit në një drejtkëndësh të madh.
Në një tas të vogël, përzieni së bashku boronicat, sheqerin, niseshtën e misrit dhe lëkurën e limonit.
Përhapeni masën e boronicës në mënyrë të barabartë mbi sipërfaqen e brumit.
Pritini brumin në trekëndësha.
Rrokullisni çdo trekëndësh në një formë briosh.
I vendosim brioshët në një tepsi të shtruar, i lyejmë me vezë dhe i lëmë të ngrihen për 1 orë.
Ngrohni furrën në 400°F (200°C) dhe piqini brioshët për 20-25 minuta derisa të marrin ngjyrë kafe të artë.

38. Kroasantë me boronicë dhe portokall

PËRBËRËSIT

1 fletë petë e shkrirë
1/4 filxhan salcë boronicë
1/4 filxhan marmelatë portokalli
1/4 filxhan bajame të grira
1 vezë e rrahur
Sheqer pluhur, për pluhurosje
UDHËZIME

Ngrohni furrën tuaj në 375°F (190°C).
Në një sipërfaqe të lyer pak me miell, hapni petën e sfumuar në një drejtkëndësh të madh. Presim brumin në 4 trekëndësha të barabartë.
Në një tas, kombinoni salcën e boronicës së kuqe, marmeladën e portokallit dhe bajamet e grira.
Përhapeni një lugë gjelle të përzierjes në pjesën më të gjerë të çdo trekëndëshi. Rrokullisni brioshët nga skaji më i gjerë drejt pikës.
I vendosim brioshët në një tepsi të veshur me letër furre dhe i lyejmë me vezën e rrahur.
Piqni për 15-20 minuta, derisa brioshët të marrin ngjyrë kafe të artë dhe krokante.
Spërkateni me sheqer pluhur përpara se ta shërbeni.

39. Kroasantë ananasi

PËRBËRËSIT

1 fletë petë e shkrirë
1 kanaçe ananas i grimcuar, i kulluar
1/4 filxhan sheqer kaf
1/4 filxhan gjalpë pa kripë, i shkrirë
1 vezë e rrahur
Sheqer pluhur, për pluhurosje

UDHËZIME

Ngrohni furrën tuaj në 375°F (190°C).

Në një sipërfaqe të lyer pak me miell, hapni petën e sfumuar në një drejtkëndësh të madh. Presim brumin në 4 trekëndësha të barabartë.

Në një tas, kombinoni ananasin e grirë, sheqerin kaf dhe gjalpin e shkrirë.

Përhapeni një lugë gjelle me përzierjen e ananasit në pjesën më të gjerë të çdo trekëndëshi. Rrokullisni brioshët nga skaji më i gjerë drejt pikës.

I vendosim brioshët në një tepsi të veshur me letër furre dhe i lyejmë me vezën e rrahur.

Piqni për 15-20 minuta, derisa brioshët të marrin ngjyrë kafe të artë dhe krokante.

Spërkateni me sheqer pluhur përpara se ta shërbeni.

40. Kroasantë me kumbulla

PËRBËRËSIT

1 fletë petë e shkrirë
4-5 kumbulla, të prera hollë
2 lugë mjaltë
1/4 filxhan miell bajame
1 vezë e rrahur
Sheqer pluhur, për pluhurosje

UDHËZIME

Ngrohni furrën tuaj në 375°F (190°C).

Në një sipërfaqe të lyer pak me miell, hapni petën e sfumuar në një drejtkëndësh të madh. Presim brumin në 4 trekëndësha të barabartë.

Në një tas, bashkoni kumbullat e prera në feta, mjaltin dhe miellin e bajames.

Përhapeni një lugë gjelle me përzierjen e kumbullës në pjesën më të gjerë të çdo trekëndëshi. Rrokullisni brioshët nga skaji më i gjerë drejt pikës.

I vendosim brioshët në një tepsi të veshur me letër furre dhe i lyejmë me vezën e rrahur.

Piqni për 15-20 minuta, derisa brioshët të marrin ngjyrë kafe të artë dhe krokante.

Spërkateni me sheqer pluhur përpara se ta shërbeni.

KROASANTE ME MISHT

41. Kroasantë me sallam dhe vezë

PËRBËRËSIT

Brumë bazë kruasant (shih recetën më lart)
6 salsiçe mëngjesi të gatuara, të prera në feta
6 vezë të mëdha, të fërguara
Kripë dhe piper për shije
1 vezë e rrahur me 1 lugë gjelle ujë

UDHËZIME

Hapeni brumin e brioshit në një drejtkëndësh të madh.
Pritini brumin në trekëndësha.
Vendosni disa feta sallam dhe një lugë vezë të fërguara në çdo briosh.
Spërkateni me kripë dhe piper.
Zëvendësoni gjysmën e sipërme të brioshit dhe shtypni butësisht.
I vendosim brioshët në një tepsi të shtruar, i lyejmë me vezë dhe i lëmë të ngrihen për 1 orë.
Ngrohni furrën në 350°F (175°C) dhe piqini brioshët për 15-20 minuta derisa veza të jetë vendosur dhe brioshi të jetë i freskët.

42. <u>Kroasanët me proshutë dhe djathë</u>

PËRBËRËSIT

6 briosha
6 feta proshutë
6 feta djathë zviceran
1 vezë e rrahur me 1 lugë gjelle ujë
Kripë dhe piper për shije

UDHËZIME

Ngrohni furrën në 350°F (175°C).
Pritini brioshët përgjysmë për së gjati dhe lërini mënjanë.
Vendosni një fetë proshutë dhe një fetë djathë mbi çdo briosh.
Spërkateni me kripë dhe piper.
Zëvendësoni gjysmën e sipërme të brioshit dhe shtypni butësisht.
Vendosini brioshët në një fletë pjekjeje dhe lajini me vezë.
Piqeni për 15-20 minuta derisa djathi të shkrihet dhe brioshi të jetë i freskët.

43. Kroasantë me salsiçe pikante

PËRBËRËSIT

Brumë bazë kruasant (shih recetën më lart)
6 sallam pikante, të gatuara dhe të prera në feta
1/4 filxhan djathë piper i grirë
1 vezë e rrahur me 1 lugë gjelle ujë

UDHËZIME

Hapeni brumin e brioshit në një drejtkëndësh të madh.
Pritini brumin në trekëndësha.
Përhapeni sallamin pikant të prerë në feta dhe djathin me piper të grirë në gjysmën e poshtme të çdo briosh.
Zëvendësoni gjysmën e sipërme të brioshit dhe shtypni butësisht.
I vendosim brioshët në një tepsi të shtruar, i lyejmë me vezë dhe i lëmë të ngrihen për 1 orë.
Ngrohni furrën në 400°F (200°C) dhe piqini brioshët për 20-25 minuta derisa të marrin ngjyrë kafe të artë.

44. Kroasantë me pulë me aromë bualli

PËRBËRËSIT

Brumë bazë kruasant (shih recetën më lart)
1 filxhan pulë të gatuar të grirë
1/4 filxhan salcë bualli
1/4 filxhan djathë blu të thërrmuar
1 vezë e rrahur me 1 lugë gjelle ujë

UDHËZIME

Hapeni brumin e brioshit në një drejtkëndësh të madh.
Pritini brumin në trekëndësha.
Në një tas, kombinoni pulën e gatuar të grirë, salcën e buallit dhe djathin blu të grirë.
Përhapeni përzierjen e pulës në gjysmën e poshtme të çdo briosh.
Zëvendësoni gjysmën e sipërme të brioshit dhe shtypni butësisht.
I vendosim brioshët në një tepsi të shtruar, i lyejmë me vezë dhe i lëmë të ngrihen për 1 orë.
Ngrohni furrën në 400°F (200°C) dhe piqini brioshët për 20-25 minuta derisa të marrin ngjyrë kafe të artë.

45. Kroasantë me erëza Chorizo

PËRBËRËSIT
Brumë bazë kruasant (shih recetën më lart)
6 oz. sallam chorizo, i grimcuar dhe i gatuar
1/4 filxhan djathë piper i grirë
1/4 filxhan domate të prera në kubikë
1 vezë e rrahur me 1 lugë gjelle ujë

UDHËZIME
Hapeni brumin e brioshit në një drejtkëndësh të madh.
Pritini brumin në trekëndësha.
Përhapeni chorizo-n e grimcuar, të gatuar, djathin me piper të grirë dhe domatet e prera në kubikë në gjysmën e poshtme të çdo briosh.
Zëvendësoni gjysmën e sipërme të brioshit dhe shtypni butësisht.
I vendosim brioshët në një tepsi të shtruar, i lyejmë me vezë dhe i lëmë të ngrihen për 1 orë.
Ngrohni furrën në 400°F (200°C) dhe piqini brioshët për 20-25 minuta derisa të marrin ngjyrë kafe të artë.

46. Kroasantë pikante me pepperoni

PËRBËRËSIT

Brumë bazë kruasant (shih recetën më lart)
6 oz. peperoni në feta
1/4 filxhan djathë mocarela të grirë
1/4 filxhan speca jeshil të prerë në kubikë
1 vezë e rrahur me 1 lugë gjelle ujë

UDHËZIME

Hapeni brumin e brioshit në një drejtkëndësh të madh.
Pritini brumin në trekëndësha.
Përhapeni pepperoni në feta, djathë mocarela të grirë dhe speca jeshil të prerë në gjysmën e poshtme të çdo briosh.
Zëvendësoni gjysmën e sipërme të brioshit dhe shtypni butësisht.
I vendosim brioshët në një tepsi të shtruar, i lyejmë me vezë dhe i lëmë të ngrihen për 1 orë.
Ngrohni furrën në 400°F (200°C) dhe piqini brioshët për 20-25 minuta derisa të marrin ngjyrë kafe të artë.

47. Shtresa briosh me gjalpë me proshuto

Bën: 8

PËRBËRËSIT
- 3 lugë gjalpë të kripur, të prera hollë, plus më shumë për lyerje
- 6 briosha, të grisura përafërsisht në të tretat
- 8 vezë të mëdha
- 3 gota qumësht të plotë
- 1 lugë gjelle mustardë Dijon
- 1 lugë gjelle sherebelë e freskët e copëtuar
- ¼ lugë çaji arrëmyshk i sapo grirë
- Kripë Kosher dhe piper i sapo bluar
- 12 ons spinaq të ngrirë, të shkrirë dhe të shtrydhur të thatë
- 1½ filxhan djathë Gouda të grirë
- 1½ filxhan djathë Gruyère i grirë
- 3 ons proshuto të prera hollë, të grisura

UDHËZIME

a) Ngrohni furrën në 350°F. Lyeni me yndyrë një enë pjekjeje 9 × 13 inç.

b) I radhisim brioshët në fund të enës për pjekje dhe i mbulojmë me gjalpin e prerë në feta. Piqni derisa të skuqet lehtë, 5 deri në 8 minuta. Hiqeni dhe lëreni të ftohet në tigan derisa të mos jetë më i nxehtë në prekje, rreth 10 minuta.

c) Në një tas mesatar, përzieni vezët, qumështin, mustardën, sherebelën, arrëmyshkun dhe pak kripë dhe piper. Përzieni spinaqin dhe ¾ filxhan të çdo djathi. Masën e derdhni me kujdes mbi brioshët e thekur duke e shpërndarë në mënyrë të barabartë. Spërkateni me djathin e mbetur dhe shtoni proshuton për të përfunduar. Mbulojeni dhe vendoseni në frigorifer për të paktën 30 minuta ose gjatë gjithë natës.

d) Kur të jeni gati për t'u pjekur, hiqni shtresat nga frigoriferi dhe ngrohni furrën në 350°F.

e) Piqni derisa qendra e shtresës të jetë vendosur, rreth 45 minuta. Nëse brioshët fillojnë të skuqen para se shtresat të kenë mbaruar zierjen, mbulojini me folie dhe vazhdoni pjekjen.

f) Hiqni shtresat nga furra dhe lërini të ftohen për 5 minuta para se t'i shërbeni.

KROASANTE ME EROZE

48. Kroasantë me sheqer me kanellë

PËRBËRËSIT

Brumë bazë kruasant (shih recetën më lart)
1/4 filxhan sheqer të grimcuar
1 lugë kanellë të bluar
1/2 filxhan gjalpë pa kripë, i shkrirë

UDHËZIME

Hapeni brumin e brioshit në një drejtkëndësh të madh.
Pritini brumin në trekëndësha.
Në një tas të vogël përzierës, bashkoni sheqerin dhe kanellën.
Lyejeni çdo briosh me gjalpë të shkrirë dhe spërkateni me sheqer kanellë.
Rrotulloni çdo trekëndësh lart, duke filluar nga fundi i gjerë dhe formoni një gjysmëhënës.
I vendosim brioshët në një tepsi të shtruar dhe i lëmë të piqen për 1 orë.
Ngrohni furrën në 400°F (200°C) dhe piqini brioshët për 20-25 minuta derisa të marrin ngjyrë kafe të artë.

49. Kroasantë pikante Jalapeño

PËRBËRËSIT

Brumë bazë kruasant (shih recetën më lart)
2 jalapeños, të prera me fara dhe të prera në kubikë
1/4 filxhan djathë çedër të grirë
1/4 lugë çaji qimnon
1 vezë e rrahur me 1 lugë gjelle ujë
Kripë dhe piper për shije

UDHËZIME

Hapeni brumin e brioshit në një drejtkëndësh të madh.
Pritini brumin në trekëndësha.
Në një tas, kombinoni jalapeños të prera në kubikë, djathin çedar të grirë, qimnonin, kripën dhe piperin.
Përhapeni përzierjen jalapeño në gjysmën e poshtme të çdo briosh.
Zëvendësoni gjysmën e sipërme të brioshit dhe shtypni butësisht.
I vendosim brioshët në një tepsi të shtruar, i lyejmë me vezë dhe i lëmë të ngrihen për 1 orë.
Ngrohni furrën në 400°F (200°C) dhe piqini brioshët për 20-25 minuta derisa të marrin ngjyrë kafe të artë.

50. Kroasantë me kardamom

PËRBËRËSIT

Brumë bazë kruasant (shih recetën më lart)
2 lugë çaji kardamom të bluar
1/2 filxhan gjalpë pa kripë, i shkrirë
1 vezë e rrahur me 1 lugë gjelle ujë

UDHËZIME

Hapeni brumin e brioshit në një drejtkëndësh të madh.

Në një tas të vogël përzieni kardamonin e bluar dhe gjalpin e shkrirë.

Lyejeni përzierjen e gjalpit të kardamomit në sipërfaqen e brumit.

Pritini brumin në trekëndësha.

Rrokullisni çdo trekëndësh në një formë briosh.

I vendosim brioshët në një tepsi të shtruar, i lyejmë me vezë dhe i lëmë të ngrihen për 1 orë.

Ngrohni furrën në 400°F (200°C) dhe piqini brioshët për 20-25 minuta derisa të marrin ngjyrë kafe të artë.

51. Kroasantë me kek me xhenxhefil

PËRBËRËSIT

Brumë bazë kruasant (shih recetën më lart)
2 lugë çaji xhenxhefil të bluar
1 lugë çaji kanellë të bluar
1/4 lugë çaji karafil të bluar
1/4 lugë çaji arrëmyshk i bluar
1/2 filxhan gjalpë pa kripë, i shkrirë
1/4 filxhan melasa
1 vezë e rrahur me 1 lugë gjelle ujë

UDHËZIME

Hapeni brumin e brioshit në një drejtkëndësh të madh.
Në një tas të vogël, përzieni së bashku xhenxhefilin e bluar, kanellën e bluar, karafilin e bluar, arrëmyshkun e bluar, gjalpin e shkrirë dhe melasën.
Lyejeni përzierjen e xhenxhefilit në sipërfaqen e brumit.
Pritini brumin në trekëndësha.
Rrokullisni çdo trekëndësh në një formë briosh.
I vendosim brioshët në një tepsi të shtruar, i lyejmë me vezë dhe i lëmë të ngrihen për 1 orë.
Ngrohni furrën në 400°F (200°C) dhe piqini brioshët për 20-25 minuta derisa të marrin ngjyrë kafe të artë.

52. Kroasantë me kerri

PËRBËRËSIT

Brumë bazë kruasant (shih recetën më lart)
2 lugë çaji pluhur kerri
1/2 filxhan gjalpë pa kripë, i shkrirë
1 vezë e rrahur me 1 lugë gjelle ujë

UDHËZIME

Hapeni brumin e brioshit në një drejtkëndësh të madh.
Në një tas të vogël, përzieni së bashku pluhurin e kerit dhe gjalpin e shkrirë.
Lyejeni përzierjen e gjalpit të kerit në sipërfaqen e brumit.
Pritini brumin në trekëndësha.
Rrokullisni çdo trekëndësh në një formë briosh.
I vendosim brioshët në një tepsi të shtruar, i lyejmë me vezë dhe i lëmë të ngrihen për 1 orë.
Ngrohni furrën në 400°F (200°C) dhe piqini brioshët për 20-25 minuta derisa të marrin ngjyrë kafe të artë.

53. Kroasantë me paprika

PËRBËRËSIT

Brumë bazë kruasant (shih recetën më lart)
2 lugë çaji paprika
1/2 filxhan gjalpë pa kripë, i shkrirë
1 vezë e rrahur me 1 lugë gjelle ujë

UDHËZIME

Hapeni brumin e brioshit në një drejtkëndësh të madh.

Në një tas të vogël, përzieni së bashku paprikën dhe gjalpin e shkrirë.

Lyejeni përzierjen e gjalpit të paprikës në sipërfaqen e brumit.

Pritini brumin në trekëndësha.

Rrokullisni çdo trekëndësh në një formë briosh.

I vendosim brioshët në një tepsi të shtruar, i lyejmë me vezë dhe i lëmë të ngrihen për 1 orë.

Ngrohni furrën në 400°F (200°C) dhe piqini brioshët për 20-25 minuta derisa të marrin ngjyrë kafe të artë.

54. Kroasantë djegës

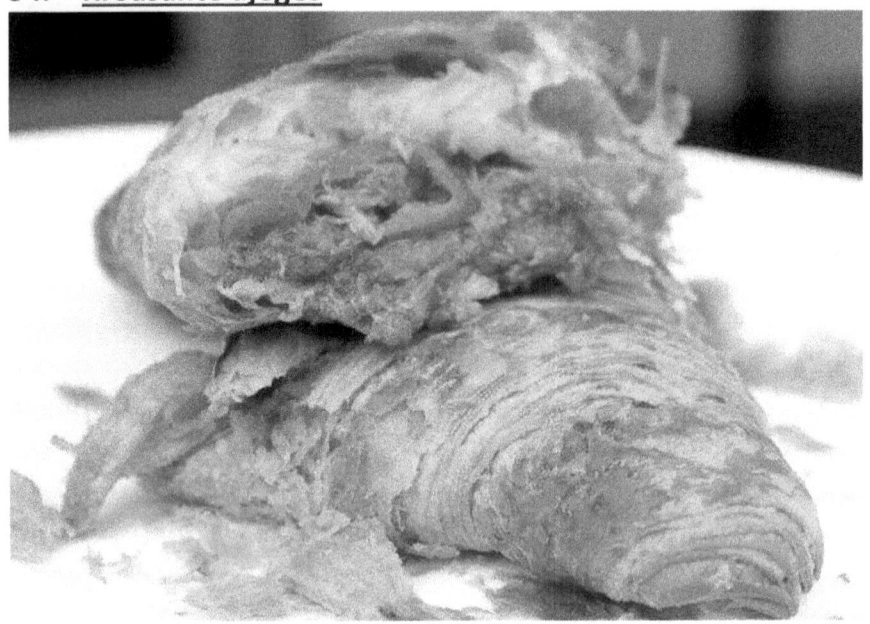

PËRBËRËSIT

Brumë bazë kruasant (shih recetën më lart)
1/2 lugë çaji pluhur djegës
1/2 lugë çaji piper kajen
1/2 filxhan gjalpë pa kripë, i shkrirë
1 vezë e rrahur me 1 lugë gjelle ujë

UDHËZIME

Hapeni brumin e brioshit në një drejtkëndësh të madh.
Në një tas të vogël, përzieni së bashku pluhurin djegës, specin kajen dhe gjalpin e shkrirë.
Lyejeni përzierjen e gjalpit djegës në sipërfaqen e brumit.
Pritini brumin në trekëndësha.
Rrokullisni çdo trekëndësh në një formë briosh.
I vendosim brioshët në një tepsi të shtruar, i lyejmë me vezë dhe i lëmë të ngrihen për 1 orë.
Ngrohni furrën në 400°F (200°C) dhe piqini brioshët për 20-25 minuta derisa të marrin ngjyrë kafe të artë.

55. Kroasanët me kanellë me mollë

PËRBËRËSIT

Brumë bazë kruasant (shih recetën më lart)
2 mollë të qëruara dhe të prera në kubikë
1/4 filxhan sheqer të grimcuar
1 lugë çaji kanellë të bluar
1/2 filxhan gjalpë pa kripë, i shkrirë
1 vezë e rrahur me 1 lugë gjelle ujë

UDHËZIME

Hapeni brumin e brioshit në një drejtkëndësh të madh.
Në një tas të vogël, përzieni së bashku mollët e prera në kubikë, sheqerin dhe kanellën.
Përhapeni masën e mollës në mënyrë të barabartë mbi sipërfaqen e brumit.
Lyejeni me furçë gjalpin e shkrirë në sipërfaqen e brumit.
Pritini brumin në trekëndësha.
Rrokullisni çdo trekëndësh në një formë briosh.
I vendosim brioshët në një tepsi të shtruar, i lyejmë me vezë dhe i lëmë të ngrihen për 1 orë.
Ngrohni furrën në 400°F (200°C) dhe piqini brioshët për 20-25 minuta derisa të marrin ngjyrë kafe të artë.

KROASANTE DJATHOR

56. Kroasantë me boronica dhe djathë krem

PËRBËRËSIT

Brumë bazë kruasant (shih recetën më lart)
4 oce krem djathi, i zbutur
1/4 filxhan konserva me boronica
1 vezë e rrahur me 1 lugë gjelle ujë
Sheqer pluhur për pluhurosje

UDHËZIME

Hapeni brumin e brioshit në një drejtkëndësh të madh.
Pritini brumin në trekëndësha.
Në një tas, kombinoni kremin e djathit dhe konservat e boronicës.
Përhapeni përzierjen e djathit krem në gjysmën e poshtme të çdo briosh.
Zëvendësoni gjysmën e sipërme të brioshit dhe shtypni butësisht.
I vendosim brioshët në një tepsi të shtruar, i lyejmë me vezë dhe i lëmë të ngrihen për 1 orë.
Ngrohni furrën në 400°F (200°C) dhe piqini brioshët për 20-25 minuta derisa të marrin ngjyrë kafe të artë.
Spërkateni me sheqer pluhur përpara se ta shërbeni.

57. Kroasantë me proshutë dhe çedër

PËRBËRËSIT
Brumë bazë kruasant (shih recetën më lart)
6 feta proshutë, të gatuara dhe të grimcuara
1 filxhan djathë çedër i grirë
1 vezë e rrahur me 1 lugë gjelle ujë
UDHËZIME

Hapeni brumin e brioshit në një drejtkëndësh të madh.
Pritini brumin në trekëndësha.
Spërkatni djathin çedar të grirë dhe proshutën e grirë në çdo trekëndësh.
Rrotulloni çdo trekëndësh lart, duke filluar nga fundi i gjerë dhe formoni një gjysmëhënës.
I vendosim brioshët në një tepsi të shtruar dhe i lëmë të piqen për 1 orë.
Ngrohni furrën në 400°F (200°C) dhe lyeni brioshët me larje vezësh.
I pjekim brioshët për 20-25 minuta derisa të marrin ngjyrë kafe të artë dhe djathi të shkrihet.

58. Kroasantë me Spinaq dhe Feta

PËRBËRËSIT

Brumë bazë kruasant (shih recetën më lart)
1 filxhan spinaq i freskët, i grirë
1/2 filxhan djathë feta të grimcuar
1 vezë e rrahur me 1 lugë gjelle ujë

UDHËZIME

Hapeni brumin e brioshit në një drejtkëndësh të madh.
Pritini brumin në trekëndësha.
Vendosni spinaqin e grirë dhe djathin feta të thërrmuar në secilin trekëndësh.
Rrotulloni çdo trekëndësh lart, duke filluar nga fundi i gjerë dhe formoni një gjysmëhënës.
I vendosim brioshët në një tepsi të shtruar dhe i lëmë të piqen për 1 orë.
Ngrohni furrën në 400°F (200°C) dhe lyeni brioshët me larje vezësh.
I pjekim brioshët për 20-25 minuta derisa të marrin ngjyrë kafe të artë dhe djathi të shkrihet.

59. Kroasantë me djathë vilë

Bën: 12 rrotulla

PËRBËRËSIT

PËR brumin:
- ⅔ filxhan qumësht
- 1¼ filxhan (150 g) gjizë ¼ filxhan (60 g, 2 ons) gjalpë
- 1 vezë
- ⅓ filxhan (60 g, 2,4 ons) sheqer
- 4 gota (500 g, 18 ons) miell për të gjitha përdorimet
- 1 lugë çaji sheqer vanilje
- 1½ lugë çaji maja e thatë aktive
- ½ lugë çaji kripë

PËR glazurën:
- 1 e verdhe veze
- 2 lugë qumësht
- 2 lugë bajame, të grira

UDHËZIME

a) Ziejeni brumin në një makinë buke. Lëreni të pushojë dhe të ngrihet për 45 minuta.

b) Hapeni brumin e gatshëm për gatim në një rreth 16 inç (40 cm) në diametër dhe ndajeni në 12 sektorë trekëndësh. Rrokullisni çdo trekëndësh lart, duke filluar me skajin e tij të gjerë.

c) I vendosim roletë në një tepsi të mbuluar me letër furre të lyer me vaj dhe i lyejmë me përzierjen e glazurës. Mbulojeni me një peshqir dhe lëreni të pushojë për 30 minuta.

d) Ngrohni furrën në 400 gradë F (200 gradë C).

e) Piqeni në furrën e nxehur më parë deri në kafe të artë për 15 minuta.

60. Kroasantë me djathë krem luleshtrydhe

PËRBËRËSIT

Brumë bazë kruasant (shih recetën më lart)
4 oce krem djathi, i zbutur
1/4 filxhan sheqer pluhur
1/2 lugë çaji ekstrakt vanilje
1/2 filxhan luleshtrydhe të prera në kubikë
1 vezë e rrahur me 1 lugë gjelle ujë

UDHËZIME

Hapeni brumin e brioshit në një drejtkëndësh të madh.

Në një tas të vogël, përzieni së bashku kremin e djathit, sheqerin pluhur dhe ekstraktin e vaniljes.

Përhapeni masën e djathit krem në mënyrë të barabartë mbi sipërfaqen e brumit.

Spërkatni luleshtrydhet e prera në kubikë mbi përzierjen e djathit krem.

Pritini brumin në trekëndësha.

Rrokullisni çdo trekëndësh në një formë briosh.

I vendosim brioshët në një tepsi të shtruar, i lyejmë me vezë dhe i lëmë të ngrihen për 1 orë.

Ngrohni furrën në 400°F (200°C) dhe piqini brioshët për 20-25 minuta derisa të marrin ngjyrë kafe të artë.

61. <u>Kroasantë me mjedër dhe djathë krem</u>

PËRBËRËSIT

Brumë bazë kruasant (shih recetën më lart)
4 oce krem djathi, i zbutur
1/4 filxhan konserva me mjedër
1 vezë e rrahur me 1 lugë gjelle ujë
Sheqer pluhur për pluhurosje

UDHËZIME

Hapeni brumin e brioshit në një drejtkëndësh të madh.
Pritini brumin në trekëndësha.
Në një tas, kombinoni kremin e djathit dhe konservat e mjedrës.
Përhapeni përzierjen e djathit krem në gjysmën e poshtme të çdo briosh.
Zëvendësoni gjysmën e sipërme të brioshit dhe shtypni butësisht.
I vendosim brioshët në një tepsi të shtruar, i lyejmë me vezë dhe i lëmë të ngrihen për 1 orë.
Ngrohni furrën në 400°F (200°C) dhe piqini brioshët për 20-25 minuta derisa të marrin ngjyrë kafe të artë.
Spërkateni me sheqer pluhur përpara se ta shërbeni.

62. Kroasantë me pjeshkë dhe djathë krem

PËRBËRËSIT

Brumë bazë kruasant (shih recetën më lart)
1/2 filxhan krem djathi, i zbutur
1/4 filxhan sheqer pluhur
1/2 lugë çaji ekstrakt vanilje
1 pjeshkë e pjekur, e qëruar dhe e prerë në feta
1 vezë e rrahur me 1 lugë gjelle ujë

UDHËZIME

Hapeni brumin e brioshit në një drejtkëndësh të madh.

Në një tas të vogël, përzieni së bashku kremin e djathit, sheqerin pluhur dhe ekstraktin e vaniljes.

Përhapeni masën e djathit krem në mënyrë të barabartë mbi sipërfaqen e brumit.

Sipër përzierjes së kremit të djathit i renditim pjeshkët e prera në feta.

Pritini brumin në trekëndësha.

Rrokullisni çdo trekëndësh në një formë briosh.

I vendosim brioshët në një tepsi të shtruar, i lyejmë me vezë dhe i lëmë të ngrihen për 1 orë.

Ngrohni furrën në 400°F (200°C) dhe piqini brioshët për 20-25 minuta derisa të marrin ngjyrë kafe të artë.

63. Croissants Brie dhe Apple

PËRBËRËSIT

1 fletë petë e shkrirë
4 ons djathë brie, i prerë në feta
1 mollë, e prerë hollë
1 vezë e rrahur
Mjaltë, për spërkatje

UDHËZIME

Ndiqni udhëzimet për kroasantët me çokollatë klasike (receta 1), por zëvendësoni çokollatën e copëtuar me djathë brie dhe mollë të prerë. Spërkateni me mjaltë përpara se ta shërbeni.

64. Kroasantë picash

PËRBËRËSIT

1 fletë petë e shkrirë
1/2 filxhan salcë pice
1/2 filxhan djathë mocarela të grirë
1/4 filxhan pepperoni të prerë në feta
1 vezë e rrahur
Erëza italiane, për spërkatje

UDHËZIME

Ndiqni udhëzimet për kruasantët me çokollatë klasike (Receta 1), por zëvendësoni çokollatën e copëtuar me salcë pice, djathë mocarela të grirë dhe speca të prera në feta. Spërkateni me erëza italiane para pjekjes.

KROASANTE LULE

65. Kroasantë me mjaltë livando

PËRBËRËSIT
Brumë bazë kruasant (shih recetën më lart)
1/4 filxhan mjaltë
1 lugë gjelle livando e tharë e kuzhinës
1 vezë e rrahur me 1 lugë gjelle ujë
UDHËZIME
Hapeni brumin e brioshit në një drejtkëndësh të madh.
Pritini brumin në trekëndësha.
Në një tas të vogël, përzieni së bashku mjaltin dhe livandën.
Përhapeni një shtresë të hollë me mjaltë livando në gjysmën e poshtme të çdo briosh.
Zëvendësoni gjysmën e sipërme të brioshit dhe shtypni butësisht.
I vendosim brioshët në një tepsi të shtruar, i lyejmë me vezë dhe i lëmë të ngrihen për 1 orë.
Ngrohni furrën në 400°F (200°C) dhe piqini brioshët për 20-25 minuta derisa të marrin ngjyrë kafe të artë.

66. Kroasantë me petale trëndafili

PËRBËRËSIT

Brumë bazë kruasant (shih recetën më lart)
1/4 filxhan petale trëndafili të thara
1/4 filxhan sheqer
1 vezë e rrahur me 1 lugë gjelle ujë

UDHËZIME

Hapeni brumin e brioshit në një drejtkëndësh të madh.
Pritini brumin në trekëndësha.
Në një tas, kombinoni petalet e thara të trëndafilit dhe sheqerin.
Spërkateni përzierjen e petaleve të trëndafilit në gjysmën e poshtme të çdo briosh.
Zëvendësoni gjysmën e sipërme të brioshit dhe shtypni butësisht.
I vendosim brioshët në një tepsi të shtruar, i lyejmë me vezë dhe i lëmë të ngrihen për 1 orë.
Ngrohni furrën në 400°F (200°C) dhe piqini brioshët për 20-25 minuta derisa të marrin ngjyrë kafe të artë.

67. Kroasantë me lule portokalli

PËRBËRËSIT

Brumë bazë kruasant (shih recetën më lart)
1/4 filxhan ujë me lule portokalli
1/4 filxhan sheqer
1 vezë e rrahur me 1 lugë gjelle ujë

UDHËZIME

Hapeni brumin e brioshit në një drejtkëndësh të madh.
Pritini brumin në trekëndësha.
Në një tas të vogël, përzieni së bashku ujin e luleve të portokallit dhe sheqerin.
Përhapeni një shtresë të hollë të përzierjes së luleve të portokallit në gjysmën e poshtme të çdo briosh.
Zëvendësoni gjysmën e sipërme të brioshit dhe shtypni butësisht.
I vendosim brioshët në një tepsi të shtruar, i lyejmë me vezë dhe i lëmë të ngrihen për 1 orë.
Ngrohni furrën në 400°F (200°C) dhe piqini brioshët për 20-25 minuta derisa të marrin ngjyrë kafe të artë.

68. Kroasantë me kamomil

PËRBËRËSIT

Brumë bazë kruasant (shih recetën më lart)
1/4 filxhan gjethe çaji kamomil
1/4 filxhan sheqer
1 vezë e rrahur me 1 lugë gjelle ujë

UDHËZIME

Hapeni brumin e brioshit në një drejtkëndësh të madh.
Pritini brumin në trekëndësha.
Në një tas, kombinoni gjethet e çajit të kamomilit dhe sheqerin.
Spërkateni përzierjen e sheqerit të kamomilit në gjysmën e poshtme të çdo briosh.
Zëvendësoni gjysmën e sipërme të brioshit dhe shtypni butësisht.
I vendosim brioshët në një tepsi të shtruar, i lyejmë me vezë dhe i lëmë të ngrihen për 1 orë.
Ngrohni furrën në 400°F (200°C) dhe piqini brioshët për 20-25 minuta derisa të marrin ngjyrë kafe të artë.

69. Kroasanët Hibiscus

PËRBËRËSIT

Brumë bazë kruasant (shih recetën më lart)
1/4 filxhan lule të thata hibiscus
1/4 filxhan sheqer
1 vezë e rrahur me 1 lugë gjelle ujë

UDHËZIME

Hapeni brumin e brioshit në një drejtkëndësh të madh.
Pritini brumin në trekëndësha.
Në një tas, kombinoni lulet e thata të hibiscusit dhe sheqerin.
Spërkateni përzierjen e sheqerit të hibiskut në gjysmën e poshtme të çdo briosh.
Zëvendësoni gjysmën e sipërme të brioshit dhe shtypni butësisht.
I vendosim brioshët në një tepsi të shtruar, i lyejmë me vezë dhe i lëmë të ngrihen për 1 orë.
Ngrohni furrën në 400°F (200°C) dhe piqini brioshët për 20-25 minuta derisa të marrin ngjyrë kafe të artë.

70. Kroasanët Jasemini

PËRBËRËSIT

Brumë bazë kruasant (shih recetën më lart)
1/4 filxhan gjethe çaji jasemini
1/4 filxhan sheqer
1 vezë e rrahur me 1 lugë gjelle ujë

UDHËZIME

Hapeni brumin e brioshit në një drejtkëndësh të madh.
Pritini brumin në trekëndësha.
Në një tas, kombinoni gjethet e çajit të jaseminit dhe sheqerin.
Spërkateni përzierjen e sheqerit me jasemini në gjysmën e poshtme të çdo briosh.
Zëvendësoni gjysmën e sipërme të brioshit dhe shtypni butësisht.
I vendosim brioshët në një tepsi të shtruar, i lyejmë me vezë dhe i lëmë të ngrihen për 1 orë.
Ngrohni furrën në 400°F (200°C) dhe piqini brioshët për 20-25 minuta derisa të marrin ngjyrë kafe të artë.

KROASANTE FARA

71. Kroasantë klasikë të farave të susamit

PËRBËRËSIT

1 1/2 filxhan miell për të gjitha përdorimet
1 1/2 lugë maja aktive e thatë
1/4 filxhan sheqer të grimcuar
1/2 lugë kripë
2/3 filxhan qumësht të ngrohtë
1/2 filxhan gjalpë pa kripë, i zbutur
1 vezë e rrahur
1/2 filxhan fara susami

UDHËZIME

Në një tas të madh përzierjeje, bashkoni miellin, majanë, sheqerin dhe kripën. Përziejini mirë.

Shtoni qumështin e ngrohtë dhe gjalpin e zbutur në tas dhe përzieni derisa të formohet një brumë.

Ziejeni brumin në një sipërfaqe të lyer me miell për rreth 10 minuta, derisa të jetë e butë dhe elastike.

E vendosim brumin në një enë të lyer me yndyrë, e mbulojmë me një peshqir të lagur dhe e lëmë në një vend të ngrohtë për rreth 1 orë.

Ngrohni furrën tuaj në 375°F (190°C).

Hapeni brumin në një sipërfaqe të lyer me miell në një drejtkëndësh, rreth 1/4 inç të trashë.

Pritini brumin në trekëndësha dhe rrotulloni secilin trekëndësh në një formë briosh.

I vendosim brioshët në një tepsi të veshur me letër furre.

Lyejmë brioshët me vezën e rrahur dhe sipër spërkasim farat e susamit.

Piqni për 15-20 minuta, ose deri në kafe të artë.

72. Kroasantë me farat e lulekuqes

PËRBËRËSIT

1 1/2 filxhan miell për të gjitha përdorimet
1 1/2 lugë maja aktive e thatë
1/4 filxhan sheqer të grimcuar
1/2 lugë kripë
2/3 filxhan qumësht të ngrohtë
1/2 filxhan gjalpë pa kripë, i zbutur
1 vezë e rrahur
1/2 filxhan fara lulekuqeje

UDHËZIME

Ndiqni të njëjtat udhëzime si kruasantët klasikë të farave të susamit, por spërkatni farat e lulekuqes sipër vezës së rrahur përpara se ta lyeni me furçë mbi brioshët.

73. Gjithçka croissants Bagel

PËRBËRËSIT

1 1/2 filxhan miell për të gjitha përdorimet
1 1/2 lugë maja aktive e thatë
1/4 filxhan sheqer të grimcuar
1/2 lugë kripë
2/3 filxhan qumësht të ngrohtë
1/2 filxhan gjalpë pa kripë, i zbutur
1 vezë e rrahur
1/4 filxhan fara susami
1/4 filxhan fara lulekuqe
1/4 filxhan qepë të tharë të grirë
1/4 filxhan hudhër të tharë të grirë
1 lugë gjelle kripë e trashë

UDHËZIME

Ndiqni të njëjtat udhëzime si kruasantët klasikë të farave të susamit, por në vend të vetëm farave të susamit ose lulekuqes, përzieni së bashku farat e susamit, farat e lulekuqes, qepën e tharë, hudhrën e tharë dhe kripën e trashë.

74. Kroasantë me fara liri

PËRBËRËSIT

1 1/2 filxhan miell për të gjitha përdorimet
1 1/2 lugë maja aktive e thatë
1/4 filxhan sheqer të grimcuar
1/2 lugë kripë
2/3 filxhan qumësht të ngrohtë
1/2 filxhan gjalpë pa kripë, i zbutur
1 vezë e rrahur
1/2 filxhan fara liri

UDHËZIME

Në një tas të madh përzierjeje, bashkoni miellin, majanë, sheqerin dhe kripën. Përziejini mirë.
Shtoni qumështin e ngrohtë dhe gjalpin e zbutur në tas dhe përzieni derisa të formohet një brumë.
Ziejeni brumin në një sipërfaqe të lyer me miell për rreth 10 minuta, derisa të jetë e butë dhe elastike.
E vendosim brumin në një enë të lyer me yndyrë, e mbulojmë me një peshqir të lagur dhe e lëmë në një vend të ngrohtë për rreth 1 orë.
Ngrohni furrën tuaj në 375°F (190°C).
Hapeni brumin në një sipërfaqe të lyer me miell në një drejtkëndësh, rreth 1/4 inç të trashë.
Pritini brumin në trekëndësha dhe rrotulloni secilin trekëndësh në një formë briosh.
I vendosim brioshët në një tepsi të veshur me letër furre.
Lyejini brioshët me vezën e rrahur dhe sipër spërkatni farat e lirit.
Piqni për 15-20 minuta, ose deri në kafe të artë.

75. Kroasantë me farat e lulediellit

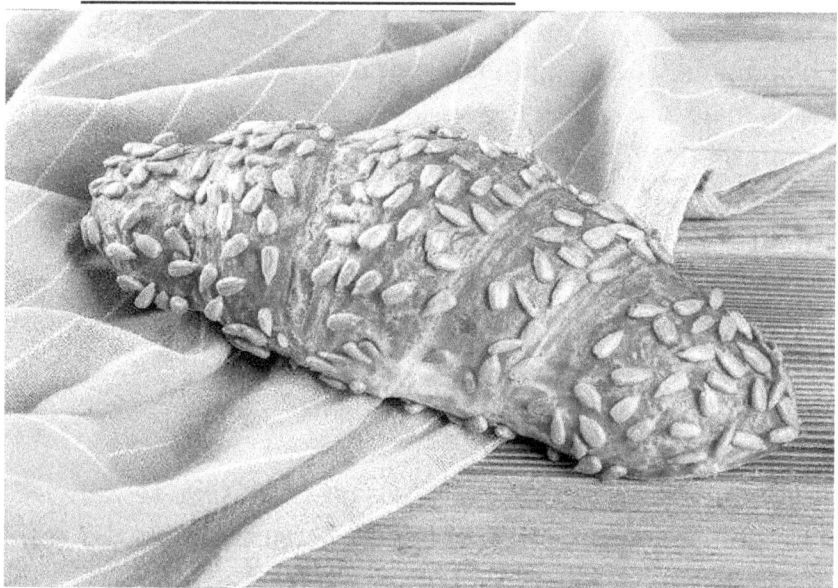

PËRBËRËSIT

1 1/2 filxhan miell për të gjitha përdorimet
1 1/2 lugë maja aktive e thatë
1/4 filxhan sheqer të grimcuar
1/2 lugë kripë
2/3 filxhan qumësht të ngrohtë
1/2 filxhan gjalpë pa kripë, i zbutur
1 vezë e rrahur
1/2 filxhan fara luledielli

UDHËZIME

Ndiqni të njëjtat udhëzime si kruasantët klasikë të farave të susamit, por spërkatni farat e luledellit sipër vezës së rrahur përpara se ta lyeni me furçë mbi brioshët.

76. Kroasantë me fara kungulli

PËRBËRËSIT

1 1/2 filxhan miell për të gjitha përdorimet
1 1/2 lugë maja aktive e thatë
1/4 filxhan sheqer të grimcuar
1/2 lugë kripë
2/3 filxhan qumësht të ngrohtë
1/2 filxhan gjalpë pa kripë, i zbutur
1 vezë e rrahur
1/2 filxhan fara kungulli

UDHËZIME

Ndiqni të njëjtat udhëzime si kruasantët klasikë të farave të susamit, por spërkatni farat e kungullit sipër vezës së rrahur përpara se ta lyeni me furçë mbi brioshët.

77. Kroasantë me farat e susamit të zi

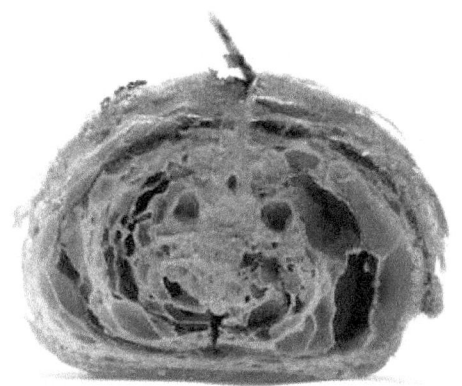

PËRBËRËSIT

1 1/2 filxhan miell për të gjitha përdorimet
1 1/2 lugë maja aktive e thatë
1/4 filxhan sheqer të grimcuar
1/2 lugë kripë
2/3 filxhan qumësht të ngrohtë
1/2 filxhan gjalpë pa kripë, i zbutur
1 vezë e rrahur
1/2 filxhan farat e susamit të zi

UDHËZIME

Ndiqni të njëjtat udhëzime si kruasantët klasikë të farave të susamit, por përdorni farat e zeza të susamit në vend të farave të zakonshme të susamit.

78. <u>Kroasantë me farat e kërpit</u>

PËRBËRËSIT

1 1/2 filxhan miell për të gjitha përdorimet
1 1/2 lugë maja aktive e thatë
1/4 filxhan sheqer të grimcuar
1/2 lugë kripë
2/3 filxhan qumësht të ngrohtë
1/2 filxhan gjalpë pa kripë, i zbutur
1 vezë e rrahur
1/2 filxhan fara kërpi

UDHËZIME

Ndiqni të njëjtat udhëzime si kruasantët klasikë të farave të susamit, por spërkatni farat e kërpit sipër vezës së rrahur përpara se ta lyeni me furçë mbi brioshët.

79. Kroasantë me shumë fara

PËRBËRËSIT

1 1/2 filxhan miell për të gjitha përdorimet
1 1/2 lugë maja aktive e thatë
1/4 filxhan sheqer të grimcuar
1/2 lugë kripë
2/3 filxhan qumësht të ngrohtë
1/2 filxhan gjalpë pa kripë, i zbutur
1 vezë e rrahur
1/4 filxhan fara susami
1/4 filxhan fara lulekuqe
1/4 filxhan fara kungulli
1/4 filxhan fara luledielli

UDHËZIME

Ndiqni të njëjtat UDHËZIME si Croissants Bagel Gjithçka, por përdorni një përzierje farash susami, fara lulekuqeje, fara kungulli dhe fara luledielli në vend të qepës dhe hudhrës së tharë.

80. Kroasantë me fara Chia

PËRBËRËSIT

1 1/2 filxhan miell për të gjitha përdorimet
1 1/2 lugë maja aktive e thatë
1/4 filxhan sheqer të grimcuar
1/2 lugë kripë
2/3 filxhan qumësht të ngrohtë
1/2 filxhan gjalpë pa kripë, i zbutur
1 vezë e rrahur
1/2 filxhan fara chia

UDHËZIME

Ndiqni të njëjtat udhëzime si kruasantët klasikë të farave të susamit, por spërkatni farat chia sipër vezës së rrahur përpara se ta lyeni me furçë mbi brioshët.

81. <u>Kroasantë me farat e quinoas</u>

PËRBËRËSIT

1 1/2 filxhan miell për të gjitha përdorimet
1 1/2 lugë maja aktive e thatë
1/4 filxhan sheqer të grimcuar
1/2 lugë kripë
2/3 filxhan qumësht të ngrohtë
1/2 filxhan gjalpë pa kripë, i zbutur
1 vezë e rrahur
1/2 filxhan fara quinoa

UDHËZIME

Ndiqni të njëjtat udhëzime si kruasantët klasikë të farave të susamit, por spërkatni farat e quinoas sipër vezës së rrahur përpara se ta lyeni me furçë mbi brioshët.

82. Kroasantë me farat e qimnotit

PËRBËRËSIT

1 1/2 filxhan miell për të gjitha përdorimet
1 1/2 lugë maja aktive e thatë
1/4 filxhan sheqer të grimcuar
1/2 lugë kripë
2/3 filxhan qumësht të ngrohtë
1/2 filxhan gjalpë pa kripë, i zbutur
1 vezë e rrahur
1/2 filxhan fara qimnon

UDHËZIME

Ndiqni të njëjtat udhëzime si kruasantët klasikë të farave të susamit, por përdorni farat e qimnotit në vend të farave të susamit.

MBUSHJE TE ËMBLETA

83. Kroasantë me byrek me kungull

PËRBËRËSIT

1 fletë petë e shkrirë
1/2 filxhan pure kungulli
1/4 filxhan sheqer kaf
1 lugë çaji kanellë të bluar
1/4 lugë çaji arrëmyshk i bluar
1/4 lugë çaji xhenxhefil të bluar
1/4 lugë çaji kripë
1 vezë e rrahur
Sheqer pluhur, për pluhurosje

UDHËZIME

Ngrohni furrën tuaj në 400°F (200°C).
Në një tas të vogël, kombinoni purenë e kungullit, sheqerin kaf, kanellën, arrëmyshk, xhenxhefilin dhe kripën. Përziejini mirë.
Shpalosni fletën e petë në një sipërfaqe të lyer lehtë me miell. Pritini fletën në 6 trekëndësha.
Hidhni një lugë gjelle me përzierjen e kungujve në skajin e gjerë të çdo trekëndëshi.
Rrotulloni brumin, duke filluar nga fundi i gjerë dhe duke ngjitur anët ndërsa shkoni.
I vendosim brioshët në një tepsi të shtruar.
Lyejeni vezën e rrahur me furçë mbi brioshët.
Piqni për 15-20 minuta ose derisa brioshët të marrin ngjyrë kafe të artë.
Hiqeni nga furra dhe lëreni të ftohet për disa minuta para se ta pudrosni me sheqer pluhur.
Shërbejeni të ngrohtë dhe shijoni!

84. Kroasantë me akullore

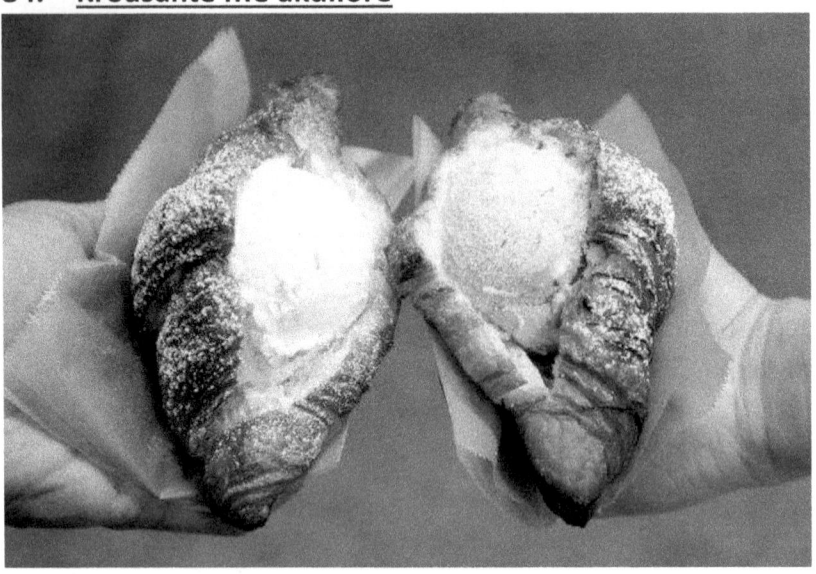

PËRBËRËSIT

1 fletë petë e shkrirë
1 litër nga akullorja juaj e preferuar, e zbutur
1 vezë e rrahur
Salcë çokollate, për sipër (opsionale)
Sheqer pluhur, për pluhurosje (opsionale)

UDHËZIME

Ngrohni furrën tuaj në 400°F (200°C).
Në një sipërfaqe të lyer lehtë me miell, hapni fletën e petës së fryrë në trashësi rreth 1/8 inç.
Pritini fletën e petë në 6 drejtkëndësha.
Hidhni një lugë bujare me akullore të zbutur në gjysmën e çdo drejtkëndëshi.
Palosni gjysmën tjetër të petës së fryrë mbi akullore dhe shtypni skajet së bashku që të mbyllen.
Lyejeni vezën e rrahur sipër çdo briosh me akullore.
I vendosim brioshët në një tepsi të shtruar dhe i pjekim për 15-20 minuta ose derisa të marrin ngjyrë kafe të artë.
Hiqni brioshët nga furra dhe lërini të ftohen për disa minuta.
Spërkateni me salcë çokollate dhe pudrosni me sheqer pluhur sipas dëshirës.
Shërbejeni menjëherë dhe shijoni!

85. Kroasanët me mollë

PËRBËRËSIT

1 fletë petë e shkrirë
2 mollë mesatare, të qëruara dhe të grira hollë
2 lugë gjalpë pa kripë
2 lugë sheqer kaf
1 lugë çaji kanellë të bluar
1/4 lugë çaji arrëmyshk i bluar
1/4 lugë çaji kripë
1 vezë e rrahur
Sheqer pluhur, për pluhurosje (opsionale)

UDHËZIME

Ngrohni furrën tuaj në 400°F (200°C).
Në një tigan të madh shkrini gjalpin në zjarr mesatar.
Shtoni në tigan mollët e grira, sheqerin kaf, kanellën, arrëmyshkun dhe kripën. Gatuani për 5-7 minuta ose derisa mollët të zbuten.
Në një sipërfaqe të lyer lehtë me miell, hapni fletën e petës së fryrë në trashësi rreth 1/8 inç.
Pritini fletën e petë në 6 trekëndësha.
Hidhni një lugë gjelle bujare të përzierjes së mollës në skajin e gjerë të çdo trekëndëshi.
Rrotulloni brumin, duke filluar nga fundi i gjerë dhe duke ngjitur anët ndërsa shkoni.
I vendosim brioshët në një tepsi të shtruar.
Lyejeni vezën e rrahur me furçë mbi brioshët.
Piqni për 15-20 minuta ose derisa brioshët të marrin ngjyrë kafe të artë.
Hiqeni nga furra dhe lëreni të ftohet për disa minuta para se ta pudrosni me sheqer pluhur sipas dëshirës.
Shërbejeni të ngrohtë dhe shijoni!

86. Kroasantë me gota me gjalpë kikiriku

PËRBËRËSIT
1 fletë petë e shkrirë
1/2 filxhan gjalpë kikiriku kremoz
1/4 filxhan sheqer pluhur
1/4 lugë çaji kripë
1/2 filxhan patate të skuqura çokollatë
1 vezë e rrahur

UDHËZIME
Ngrohni furrën tuaj në 400°F (200°C).
Në një tas të vogël, bashkoni gjalpin e kikirikut, sheqerin pluhur dhe kripën. Përziejini mirë.
Shpalosni fletën e petë në një sipërfaqe të lyer lehtë me miell. Pritini fletën në 6 trekëndësha.
Hidhni një lugë gjelle me përzierjen e gjalpit të kikirikut në skajin e gjerë të çdo trekëndëshi.
Spërkatni copa çokollatë mbi përzierjen e gjalpit të kikirikut.
Rrotulloni brumin, duke filluar nga fundi i gjerë dhe duke ngjitur anët ndërsa shkoni.
I vendosim brioshët në një tepsi të shtruar.
Lyejeni vezën e rrahur me furçë mbi brioshët.
Piqni për 15-20 minuta ose derisa brioshët të marrin ngjyrë kafe të artë.
Hiqeni nga furra dhe lëreni të ftohet për disa minuta përpara se ta shërbeni.

87. Kroasantë me mbushje me pekan

PËRBËRËSIT

1 fletë petë e shkrirë
1 filxhan pecans të copëtuar
1/2 filxhan sheqer kaf
1/4 filxhan gjalpë pa kripë, i shkrirë
1 lugë çaji ekstrakt vanilje
1/4 lugë çaji kripë
1 vezë e rrahur
Sheqer pluhur, për pluhurosje (opsionale)

UDHËZIME

Ngrohni furrën tuaj në 400°F (200°C).
Në një tas mesatar, përzieni së bashku pekanët e copëtuar, sheqerin kaf, gjalpin e shkrirë, ekstraktin e vaniljes dhe kripën.
Shpalosni fletën e petë në një sipërfaqe të lyer lehtë me miell. Pritini fletën në 6 trekëndësha.
Hidhni një lugë gjelle me mbushje me pekan në skajin e gjerë të çdo trekëndëshi.
Rrotulloni brumin, duke filluar nga fundi i gjerë dhe duke ngjitur anët ndërsa shkoni.
I vendosim brioshët në një tepsi të shtruar.
Lyejeni vezën e rrahur me furçë mbi brioshët.
Piqni për 15-20 minuta ose derisa brioshët të marrin ngjyrë kafe të artë.
Hiqeni nga furra dhe lëreni të ftohet për disa minuta para se ta pudrosni me sheqer pluhur sipas dëshirës. Shërbejeni të ngrohtë dhe shijoni!

88. Kroasantë me gjalpë kikiriku dhe pelte

PËRBËRËSIT

1 fletë petë e shkrirë
1/2 filxhan gjalpë kikiriku kremoz
1/2 filxhan pelte (shija juaj e preferuar)
1 vezë e rrahur

UDHËZIME

Ngrohni furrën tuaj në 400°F (200°C).
Në një sipërfaqe të lyer lehtë me miell, hapni fletën e petës së fryrë në trashësi rreth 1/8 inç.
Pritini fletën e petë në 6 trekëndësha.
Përhapeni një lugë gjelle gjalpë kikiriku në skajin e gjerë të çdo trekëndëshi.
Shtoni një lugë gjelle pelte sipër gjalpit të kikirikut.
Rrotulloni brumin, duke filluar nga fundi i gjerë dhe duke ngjitur anët ndërsa shkoni.
I vendosim brioshët në një tepsi të shtruar.
Lyejeni vezën e rrahur me furçë mbi brioshët.
Piqni për 15-20 minuta ose derisa brioshët të marrin ngjyrë kafe të artë.
Hiqeni nga furra dhe lëreni të ftohet për disa minuta përpara se ta shërbeni.

89. Manaferrat dhe kruasanët me krem

PËRBËRËSIT

1 fletë petë e shkrirë
1/2 filxhan krem të rëndë
2 luge sheqer
1/2 lugë çaji ekstrakt vanilje
1 filxhan manaferra të përziera (të tilla si luleshtrydhe, boronica dhe mjedra)
1 vezë e rrahur
Sheqer pluhur, për pluhurosje (opsionale)

UDHËZIME

Ngrohni furrën tuaj në 400°F (200°C).
Në një tas mesatar, përzieni së bashku kremin e trashë, sheqerin dhe ekstraktin e vaniljes derisa të formohen maja të forta.
Shpalosni fletën e petë në një sipërfaqe të lyer lehtë me miell. Pritini fletën në 6 trekëndësha.
Hidhni një lugë gjelle krem pana në skajin e gjerë të çdo trekëndëshi.
Shtoni disa kokrra të përziera sipër kremit të rrahur.
Rrotulloni brumin, duke filluar nga fundi i gjerë dhe duke ngjitur anët ndërsa shkoni.
I vendosim brioshët në një tepsi të shtruar.
Lyejeni vezën e rrahur me furçë mbi brioshët.
Piqni për 15-20 minuta ose derisa brioshët të marrin ngjyrë kafe të artë.
Hiqeni nga furra dhe lëreni të ftohet për disa minuta para se ta pudrosni me sheqer pluhur sipas dëshirës.
Shërbejeni të ngrohtë dhe shijoni!

90. Fruta dhe kruasane Nutella

PËRBËRËSIT

1 fletë petë e shkrirë
1/2 filxhan Nutella
1 filxhan fruta të përziera (të tilla si banane të prera në feta, luleshtrydhe dhe kivi)
1 vezë e rrahur
Sheqer pluhur, për pluhurosje (opsionale)

UDHËZIME

Ngrohni furrën tuaj në 400°F (200°C).
Shpalosni fletën e petë në një sipërfaqe të lyer lehtë me miell. Pritini fletën në 6 trekëndësha.
Përhapeni një lugë gjelle Nutella në skajin e gjerë të çdo trekëndëshi.
Sipër Nutellës shtoni disa copa frutash të përziera.
Rrotulloni brumin, duke filluar nga fundi i gjerë dhe duke ngjitur anët ndërsa shkoni.
I vendosim brioshët në një tepsi të shtruar.
Lyejeni vezën e rrahur me furçë mbi brioshët.
Piqni për 15-20 minuta ose derisa brioshët të marrin ngjyrë kafe të artë.
Hiqeni nga furra dhe lëreni të ftohet për disa minuta para se ta pudrosni me sheqer pluhur sipas dëshirës.
Shërbejeni të ngrohtë dhe shijoni!

91. Brie dhe Jam Croissants

PËRBËRËSIT

1 fletë petë e shkrirë
1/2 filxhan djathë Brie, i prerë në feta hollë
1/4 filxhan reçel (shija juaj e preferuar)
1 vezë e rrahur

UDHËZIME

Ngrohni furrën tuaj në 400°F (200°C).
Në një sipërfaqe të lyer lehtë me miell, hapni fletën e petës së fryrë në trashësi rreth 1/8 inç.
Pritini fletën e petë në 6 trekëndësha.
Vendosni disa feta djathi Brie në skajin e gjerë të çdo trekëndëshi.
Shtoni një lugë gjelle reçel sipër djathit Brie.
Rrotulloni brumin, duke filluar nga fundi i gjerë dhe duke ngjitur anët ndërsa shkoni.
I vendosim brioshët në një tepsi të shtruar.
Lyejeni vezën e rrahur me furçë mbi brioshët.
Piqni për 15-20 minuta ose derisa brioshët të marrin ngjyrë kafe të artë.
Hiqeni nga furra dhe lëreni të ftohet për disa minuta përpara se ta shërbeni.

MBUSHJE TË KURMSHME

92. Kroasantë Hotdogs

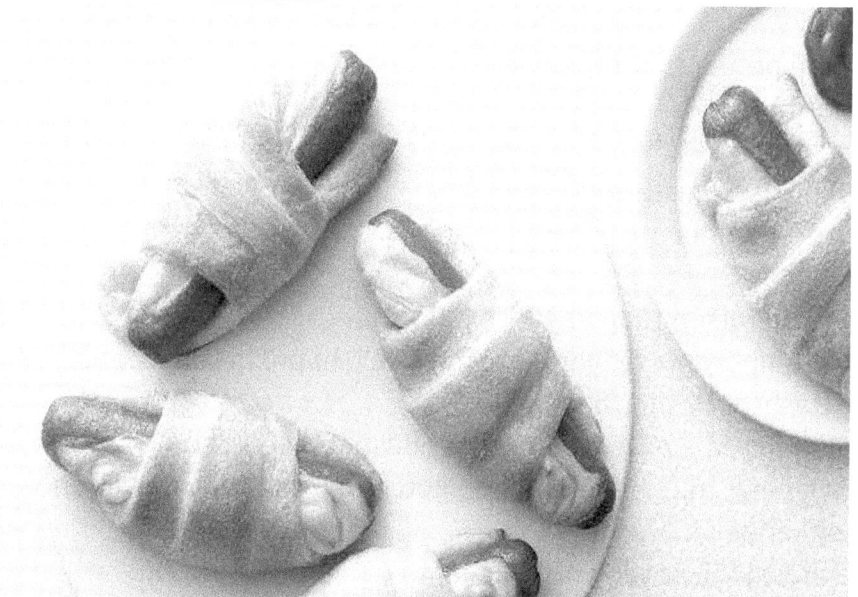

PËRBËRËSIT

1 fletë petë e shkrirë
4 hotdogs
1/4 filxhan ketchup
1/4 filxhan mustardë
1 vezë e rrahur

UDHËZIME

Ngrohni furrën tuaj në 400°F (200°C).
Në një sipërfaqe të lyer lehtë me miell, hapni fletën e petës së fryrë në trashësi rreth 1/8 inç.
Pritini fletën e petë në 4 drejtkëndësha.
Përhapeni një lugë gjelle ketchup dhe mustardë në çdo drejtkëndësh.
Vendosni një hotdog në një skaj të çdo drejtkëndëshi.
Rrokullisni brumin rreth hotdogut, duke ngjitur anët ndërsa shkoni.
I vendosim brioshët në një tepsi të shtruar.
Lyejeni vezën e rrahur me furçë mbi brioshët.
Piqni për 15-20 minuta ose derisa brioshët të marrin ngjyrë kafe të artë.
Hiqeni nga furra dhe lëreni të ftohet për disa minuta përpara se ta shërbeni.

93. Kroasanët me proshutë

PËRBËRËSIT

1 fletë petë e shkrirë
8 feta proshutë, të gatuara dhe të prera
1/2 filxhan djathë çedër të grirë
1 vezë e rrahur

UDHËZIME

Ngrohni furrën tuaj në 400°F (200°C).
Në një sipërfaqe të lyer lehtë me miell, hapni fletën e petës së fryrë në trashësi rreth 1/8 inç.
Pritini fletën e petë në 4 drejtkëndësha.
Spërkatni proshutën e copëtuar dhe djathin çedër të grirë në çdo drejtkëndësh.
Rrokullisni brumin, duke filluar nga njëra skaj dhe duke ngjitur anët ndërsa shkoni.
I vendosim brioshët në një tepsi të shtruar.
Lyejeni vezën e rrahur me furçë mbi brioshët.
Piqni për 15-20 minuta ose derisa brioshët të marrin ngjyrë kafe të artë.
Hiqeni nga furra dhe lëreni të ftohet për disa minuta përpara se ta shërbeni.

94. Kroasantë me parmixhan pule

PËRBËRËSIT

1 fletë petë e shkrirë
1 filxhan pulë të gatuar, të grirë ose të prerë në kubikë
1/2 filxhan salcë marinara
1/2 filxhan djathë mocarela të grirë
1/4 filxhan djathë parmixhano të grirë
1 vezë e rrahur

UDHËZIME

Ngrohni furrën tuaj në 400°F (200°C).
Në një sipërfaqe të lyer lehtë me miell, hapni fletën e petës së fryrë në trashësi rreth 1/8 inç.
Pritini fletën e petë në 4 drejtkëndësha.
Përhapeni një lugë salcë marinara në çdo drejtkëndësh.
Shtoni një grusht pule të grirë në çdo drejtkëndësh.
Sipër spërkatni djathin mocarela të grirë dhe djathin parmixhano të grirë.
Rrokullisni brumin, duke filluar nga njëra skaj dhe duke ngjitur anët ndërsa shkoni.
I vendosim brioshët në një tepsi të shtruar.
Lyejeni vezën e rrahur me furçë mbi brioshët.
Piqni për 15-20 minuta ose derisa brioshët të marrin ngjyrë kafe të artë.
Hiqeni nga furra dhe lëreni të ftohet për disa minuta përpara se ta shërbeni.

95. Qofte kruasane

PËRBËRËSIT

1 fletë petë e shkrirë
12-16 qofte të vegjël, të ziera
1/2 filxhan salcë marinara
1/2 filxhan djathë mocarela të grirë
1/4 filxhan djathë parmixhano të grirë
1 vezë e rrahur

UDHËZIME

Ngrohni furrën tuaj në 400°F (200°C).
Në një sipërfaqe të lyer lehtë me miell, hapni fletën e petës së fryrë në trashësi rreth 1/8 inç.
Pritini fletën e petë në 4 drejtkëndësha.
Përhapeni një lugë salcë marinara në çdo drejtkëndësh.
Vendosni 3-4 qofte të ziera në çdo drejtkëndësh.
Sipër spërkatni djathin mocarela të grirë dhe djathin parmixhano të grirë.
Rrokullisni brumin, duke filluar nga njëra skaj dhe duke ngjitur anët ndërsa shkoni.
I vendosim brioshët në një tepsi të shtruar.
Lyejeni vezën e rrahur me furçë mbi brioshët.
Piqni për 15-20 minuta ose derisa brioshët të marrin ngjyrë kafe të artë.
Hiqeni nga furra dhe lëreni të ftohet për disa minuta përpara se ta shërbeni.

96. Kroasantë me pepperoni

PËRBËRËSIT

1 fletë petë e shkrirë
1/2 filxhan salcë marinara
1/2 filxhan djathë mocarela të grirë
1/4 filxhan djathë parmixhano të grirë
24 feta piperoni
1 vezë e rrahur

UDHËZIME

Ngrohni furrën tuaj në 400°F (200°C).
Në një sipërfaqe të lyer lehtë me miell, hapni fletën e petës së fryrë në trashësi rreth 1/8 inç.
Pritini fletën e petë në 4 drejtkëndësha.
Përhapeni një lugë salcë marinara në çdo drejtkëndësh.
Vendosni 6 feta peperoni në çdo drejtkëndësh.
Sipër spërkatni djathin mocarela të grirë dhe djathin parmixhano të grirë.
Rrokullisni brumin, duke filluar nga njëra skaj dhe duke ngjitur anët ndërsa shkoni.
I vendosim brioshët në një tepsi të shtruar.
Lyejeni vezën e rrahur me furçë mbi brioshët.
Piqni për 15-20 minuta ose derisa brioshët të marrin ngjyrë kafe të artë.
Hiqeni nga furra dhe lëreni të ftohet për disa minuta përpara se ta shërbeni.

97. Kroasanët Pesto

PËRBËRËSIT

1 fletë petë e shkrirë
1/2 filxhan salcë pesto
1/2 filxhan djathë mocarela të grirë
1/4 filxhan djathë parmixhano të grirë
1 vezë e rrahur

UDHËZIME

Ngrohni furrën tuaj në 400°F (200°C).
Në një sipërfaqe të lyer lehtë me miell, hapni fletën e petës së fryrë në trashësi rreth 1/8 inç.
Pritini fletën e petë në 4 drejtkëndësha.
Përhapeni një lugë salcë pesto në çdo drejtkëndësh.
Sipër spërkatni djathin mocarela të grirë dhe djathin parmixhano të grirë.
Rrokullisni brumin, duke filluar nga njëra skaj dhe duke ngjitur anët ndërsa shkoni.
I vendosim brioshët në një tepsi të shtruar.
Lyejeni vezën e rrahur me furçë mbi brioshët.
Piqni për 15-20 minuta ose derisa brioshët të marrin ngjyrë kafe të artë.
Hiqeni nga furra dhe lëreni të ftohet për disa minuta përpara se ta shërbeni.

98. Kroasanët e karamelizuar me qepë dhe djathë dhie

PËRBËRËSIT

1 fletë petë e shkrirë
2 qepë mesatare, të prera hollë
2 lugë gjalpë pa kripë
1 lugë gjelle sheqer kaf
1/4 lugë çaji kripë
4 oz djathë dhie, i grimcuar
1 vezë e rrahur

UDHËZIME

Ngrohni furrën tuaj në 400°F (200°C).
Në një sipërfaqe të lyer lehtë me miell, hapni fletën e petës së fryrë në trashësi rreth 1/8 inç.
Pritini fletën e petë në 4 drejtkëndësha.
Në një tigan mbi nxehtësinë mesatare shkrini gjalpin dhe shtoni qepët e prera në feta. Ziejini qepët për rreth 10-15 minuta ose derisa të karamelizohen.
I spërkasim qepët me sheqer kaf dhe kripë dhe vazhdojmë zierjen edhe për 1-2 minuta.
Përhapeni qepët e karamelizuara në mënyrë të barabartë mbi çdo drejtkëndësh të brumërave.
Hidhni djathë dhie të grimcuar mbi qepët.
Rrokullisni brumin, duke filluar nga njëra skaj dhe duke ngjitur anët ndërsa shkoni.
I vendosim brioshët në një tepsi të shtruar.
Lyejeni vezën e rrahur me furçë mbi brioshët.
Piqni për 15-20 minuta ose derisa brioshët të marrin ngjyrë kafe të artë.
Hiqeni nga furra dhe lëreni të ftohet për disa minuta përpara se ta shërbeni.

99. Croissants Mocarela dhe Basil

PËRBËRËSIT

1 fletë petë e shkrirë
4 oz djathë mocarela e freskët, e prerë në feta
1/4 filxhan borzilok të freskët të copëtuar
1 vezë e rrahur
Kripë dhe piper, për shije

UDHËZIME

Ngrohni furrën tuaj në 400°F (200°C).
Në një sipërfaqe të lyer lehtë me miell, hapni fletën e petës së fryrë në trashësi rreth 1/8 inç.
Pritini fletën e petë në 4 drejtkëndësha.
Vendosni disa feta djathi mocarela në çdo drejtkëndësh.
Spërkateni borzilokun e freskët të copëtuar mbi djathë.
I rregullojmë me kripë dhe piper sipas shijes.
Rrokullisni brumin, duke filluar nga njëra skaj dhe duke ngjitur anët ndërsa shkoni.
I vendosim brioshët në një tepsi të shtruar.
Lyejeni vezën e rrahur me furçë mbi brioshët.
Piqni për 15-20 minuta ose derisa brioshët të marrin ngjyrë kafe të artë.
Hiqeni nga furra dhe lëreni të ftohet për disa minuta përpara se ta shërbeni.

100. Kroasantë me hudhër dhe djathë

PËRBËRËSIT

1 fletë petë e shkrirë
4 thelpinj hudhre, te grira
1/4 filxhan djathë parmixhano të grirë
1/4 filxhan djathë çedër të grirë
1 vezë e rrahur
Kripë dhe piper, për shije

UDHËZIME

Ngrohni furrën tuaj në 400°F (200°C).
Në një sipërfaqe të lyer lehtë me miell, hapni fletën e petës së fryrë në trashësi rreth 1/8 inç.
Pritini fletën e petë në 4 drejtkëndësha.
Në një tas të vogël, përzieni së bashku hudhrën e grirë, djathin parmixhano dhe djathin çedër.
Spërkateni përzierjen e hudhrës dhe djathit në mënyrë të barabartë mbi çdo drejtkëndësh të brumërave.
I rregullojmë me kripë dhe piper sipas shijes.
Rrokullisni brumin, duke filluar nga njëra skaj dhe duke ngjitur anët ndërsa shkoni.
I vendosim brioshët në një tepsi të shtruar.
Lyejeni vezën e rrahur me furçë mbi brioshët.
Piqni për 15-20 minuta ose derisa brioshët të marrin ngjyrë kafe të artë.
Hiqeni nga furra dhe lëreni të ftohet për disa minuta përpara se ta shërbeni.

PËRFUNDIM

Shpresojmë që të keni shijuar këtë Libër Gatimi me Croissants dhe se ju ka frymëzuar të provoni t'i bëni këto pasta të shijshme në shtëpi. Me përbërësit dhe teknikat e duhura, çdokush mund të bëjë briosh që janë po aq të mirë (nëse jo më të mirë) sesa ata që do të gjeni në një furrë buke franceze. Pra, nëse jeni duke bërë briosh për mëngjes, paradrekë apo një rast të veçantë, ne jemi të sigurt se ky libër gatimi do t'ju ndihmojë të krijoni grupin e përsosur çdo herë. Gëzuar pjekjen!

Milton Keynes UK
Ingram Content Group UK Ltd.
UKHW020814280823
427620UK00015B/892